NANGOR
L'HOMME ET L'ŒUVRE

NANGOR
L'HOMME ET L'ŒUVRE

Sous la direction de Barka Kamnadj

© Barka Kamnadj, 2025

Publié en 2025 par LivresHippo, une marque éditoriale partagée entre :
- Centre de Publications Évangéliques, 08 B.P. 900 Abidjan 08, Côte d'Ivoire
- Presses Bibliques Africaines, 03 B.P. 345 Cotonou, Bénin
- Éditions CLÉ, B.P. 1501 Yaoundé, Cameroun
- Excelsis Diffusions, 385 chemin du Clos 26450 Charols, France
- Langham Partnership PO Box 296, Carlisle, Cumbria, CA3 9WZ, Royaume-Uni, www.langhampublishing.org
- Conseil des institutions théologiques d'Afrique francophone (CITAF), B.P. 684 Abidjan, Côte d'Ivoire, www.citaf.org

Numéros ISBN :
978-99982-2-506-0 Format papier
978-1-78641-166-2 Format ePub
978-1-78641-167-9 Format PDF

Barka Kamnadj déclare à l'éditeur et aux cessionnaires, aux preneurs de licences et aux successeurs nommés de l'éditeur son droit moral d'être reconnu comme l'auteur des parties écrites par le directeur de l'ouvrage dans la présente œuvre, conformément aux sections 77 et 78 du « Copyright, Designs and Patents Act, 1988 ».

Tous droits réservés. La reproduction, la transmission ou la saisie informatique du présent ouvrage, en totalité ou en partie, sous quelque forme ou par quelque procédé que ce soit, électronique, mécanique, photographique, est interdite sans l'autorisation préalable de l'Éditeur ou de la Copyright Licensing Agency.

Les citations bibliques avec la mention « LSG » sont tirées de la Bible version Louis Segond 1910 (publiée en 1910 par Alliance Biblique Universelle).

Les citations bibliques avec la mention « Segond 21 » sont tirées de la Bible version Segond 21 Copyright © 2007 Société Biblique de Genève. Reproduit avec aimable autorisation. Tous droits réservés.

Les citations bibliques avec la mention « Colombe » sont tirées de la nouvelle version de la Bible Segond révisée dite « La Colombe ». © Société Biblique Française – Bibli'O, 1978, avec autorisation.

Les citations bibliques avec la mention « NBS » sont tirées de la Nouvelle Bible Segond

© Société biblique française – Bibli'O, 2002. Avec autorisation.

British Library Cataloguing in Publication Data

A catalogue record for this book is available from the British Library

Mise en page : Centre de Publications Évangéliques

Couverture : projectluz.com

Dépôt légal : N° 16985 du 23 avril 2025 ; Bibliothèque nationale du Bénin.

ISBN : 978-99982-2-506-0

Les éditeurs de cet ouvrage soutiennent activement le dialogue théologique et le droit pour un auteur de publier. Toutefois, ils ne partagent pas nécessairement les opinions et avis avancés ni les travaux référencés dans cette publication et ne garantissent pas son exactitude grammaticale et technique. Les éditeurs se dégagent de toute responsabilité envers les personnes ou biens en ce qui concerne la lecture, l'utilisation ou l'interprétation du contenu publié.

L'UTOPIE ET L'IMMANENCE AU SERVICE D'UN ENGAGEMENT CHRÉTIEN ET PANAFRICANISTE

Dans l'histoire de la pensée, l'on appelle « utopistes » ceux qui, au sein du mouvement révolutionnaire français, militaient pour que la priorité absolue soit accordée à la lutte en faveur de la justice sociale partout dans le monde, des droits de l'Homme, etc. Ils sont tous morts jeunes, dévorés par la fougue de leurs compagnes de lutte qui les prenaient pour des rêveurs et des dangers. Seulement leurs idées et leurs combats ont survécu à leur courte vie, et jusqu'aujourd'hui, de nombreux intellectuels et militants s'inscrivent dans leurs lignées en réactivant les différents angles de leurs pensées.

L'utopie, ou le monde qui n'existe pas encore, est au cœur de notre engagement chrétien. Elle résume et exprime notre combat pour un monde meilleur, en attendant le ciel où toutes les injustices prendront fin. Ainsi en est-il du combat de la réciprocité de l'immanence.

La réciprocité de l'immanence

Cette biographie dédiée à la vie du Dr Vincent Koutouan Nangor est une sorte de célébration *post-mortem* d'un utopiste chrétien pour qui toute l'humanité pouvait se résumer dans une vie à sauver ou à guérir. Médecin, il avait fait le choix de la lointaine périphérie pour ouvrir sa clinique, preuve évidente qu'il s'inscrivait en faux contre la logique marchande qui appauvrit nos sens et nos consciences. Il existe selon Jean Ziegler deux réciprocités : la réciprocité de la rareté qui fonde le monde aujourd'hui où tout se vend et où tout s'achète, y compris les vies humaines, et une réciprocité de l'immanence qui fonde une humanité en commun avec des valeurs comme la coopération, la liberté, le service désintéressé, etc. Pour ceux qui l'ont connu, le Dr Nangor était l'archétype de cette réciprocité de l'immanence sur fond de chaleur, de rectitude et de vitalité.

La chaleur, la rectitude et la vitalité

Homme chaleureux mais de grandes retenues, très sympathique mais aussi très exigeant sur le plan éthique, il cachait, derrière sa barbe blanchie par le temps et ses lunettes dont l'écrin donnait à son visage un air de sévérité, une intelligence brillante habitée par une rectitude morale qui ne court pas les rues aujourd'hui.

Médecin du corps, il était devenu par son engagement dans les Groupes bibliques et sa foi chrétienne, le médecin de l'esprit et de l'âme des élèves et étudiants d'Afrique francophone.

Orateur de haut vol, sachant manier l'humour avec dextérité et finesse, il a, sa vie durant, parcouru les villes africaines, surtout celles de l'Afrique dite francophone, afin d'enseigner aux élèves et étudiants les trésors à jamais inépuisables de la Parole de Dieu.

D'une vitalité apparemment sans limite, il insufflait vie et espérance dans des cœurs tiraillés par des conflits et des tensions qui souvent ensauvagent notre terre d'Afrique. Tous ceux qui se sont approchés de lui pendant les événements qui ont ensanglanté son pays (la Côte d'Ivoire) ont apprécié sa pondération, sa sagesse, sa retenue et sa grande rectitude. On a de la peine à ne pas croire que le Dr Nangor était un grenier plein de leçons de choses.

La leçon de choses pour une Afrique autre

Dans cette pérégrination à travers la terre d'Afrique, il s'est ouvert de nombreux horizons et fait beaucoup d'amis. La variété des auteurs des différentes contributions de cet ouvrage, ainsi que leurs contextes respectifs sont le reflet de la vie de ce serviteur de tous dont le combat et l'engagement furent la conscience anticipée d'un panafricanisme chrétien.

La science dit que certaines étoiles continuent de briller des années après leurs morts. Nous sommes tous des étoiles. Comme les étoiles, nous naissons, nous brillons et nous mourrons. Seulement nos œuvres restent pour témoigner pour nous ou contre nous. Malgré la mort, nous confessons que l'œuvre du Dr Vincent Koutouan Nangor à travers les Groupes bibliques universitaires d'Afrique francophone (GBUAF), la Ligue pour la lecture de la Bible (LLB), le Centre médical Sarepta de Dabou, l'Église de Jésus-Christ en Côte d'Ivoire et en Afrique sont autant de témoignages qui disent que l'amour triomphe de tout, y compris la mort, et qu'il ne faut jamais désespérer de la terre d'Afrique. D'où l'obligation de continuer la lutte pour un panafricanisme chrétien.

La lutte pour un panafricanisme chrétien

Le fait de l'avoir connu comme parent, ami, partenaire ou compagnon de route nous donne des obligations parmi lesquelles, celle de continuer la lutte en faisant connaître sa pensée et son combat. Cet ouvrage n'est qu'un jalon sur ce chemin et il doit être dépassé rapidement.

Emmanuel Tchumtchoua
HDR, Bordeaux-Montaigne
Professeur titulaire des Universités, Université de Douala
Ancien président du Conseil spirituel national du Groupe biblique
des élèves et étudiants du Cameroun (GBEEC), *Cameroun*

INTRODUCTION

Nous avons essayé, comme nous pouvons, d'écrire l'histoire des Groupes bibliques universitaires d'Afrique francophone (GBUAF). Des patriarches ont été sollicités, des historiens ont été mis à contribution, en vain. Alors, Langham Publishing, notre partenaire privilégié, est venu à notre secours et nous a donné une occasion en or, à la faveur de LivresHippo, notre consortium attitré, de l'écrire par morceaux, à travers la série « L'homme et l'œuvre ». Le premier numéro, *Daïdanso, l'homme et l'œuvre* (2015), a levé le voile sur une partie non moins importante de cette histoire, suivi du deuxième numéro, *Zokoué, l'homme et l'œuvre* (2020), qui en a abordé d'autres aspects. Le troisième numéro, *Nangor, l'homme et l'œuvre* (2025), que voici, est venu pour en ajouter une page toute nouvelle, vivante. La Bible dit :

> Comme Paul les attendait à Athènes, il avait en lui-même l'esprit exaspéré en contemplant cette ville vouée aux idoles. Il s'entretenait donc dans la synagogue avec les Juifs et ceux qui craignaient (Dieu), et sur la place publique, chaque jour, avec ceux qui s'y rencontraient. Quelques philosophes épicuriens et stoïciens se mirent à parler avec lui. Et les uns disaient : Que veut dire ce discoureur ? D'autres disaient : Il semble être un prédicateur de divinités étrangères ; cela, parce qu'il annonçait la bonne nouvelle de Jésus et de la résurrection. Alors ils le prirent, le menèrent à l'Aréopage et dirent : Pourrions-nous savoir quel est ce nouvel enseignement dont tu parles ? Car tu portes à nos oreilles des choses étranges. Nous voudrions donc savoir ce que cela veut dire. Or tous les Athéniens et les étrangers venus parmi eux ne passaient leur temps qu'à dire ou écouter quelque nouvelle. (Ac 17.16-21, Colombe)

La voie est tracée

Il en était de même du Dr Nangor, lors des rencontres triennales des GBUAF et autres événements significatifs de ce ministère estudiantin. C'était de 1992 à 2002, dans la peau de président du comité exécutif, et de 2002 – où les GBUAF passèrent de la structure exécutive à la structure consultative – à sa mort le 6 décembre 2022.

Le Dr Nangor est né le 7 juillet 1954 à Erymakouguié. Il était l'un des dignes fils de la Côte d'Ivoire, de feu le président Félix Houphouët-Boigny. On comprend pourquoi une place publique au Plateau, un quartier en plein cœur d'Abidjan, portait le nom d'« Aréopage ». Là, de nombreuses gens de toute culture, « de toute nation, de toutes tribus, de tous peuples et de toutes langues » (Ap 7.9b, Colombe), s'y rencontrent et ne passent leur temps qu'à dire ou à écouter quelque nouvelle. À longueur de journée !

Le Dr Nangor était remarquable et remarqué de par ses discours, cohérents et pertinents, documentés et renseignés, prononcés à la tribune des rencontres triennales des GBUAF. La quasi-totalité des témoignages qui composent cet ouvrage biographique en font l'écho. Trois de ces discours, et non des moindres, y sont ajoutés à dessein : *Point de départ d'un leadership panafricain* est le tout premier qu'il fit à la clôture du 9ᵉ congrès triennal de 1992 à Douala (Cameroun). *Dieu fait passer le témoin* était présenté au moment où Solomon Andria faisait place à Daniel Bourdanné au poste de secrétaire régional des GBUAF. *Dieu élève au plus haut sommet* accompagnait Daniel Bourdanné dans les lieux élevés de l'International Fellowship of Evangelical Students (IFES), au poste de secrétaire général. Augustin Cossi Ahoga lui succéda conséquemment au trône régional.

L'encre est versée

Amos Boni découvre en la personne du Dr Nangor *Un homme de principes* et donne le ton qui rappelle ces paroles de l'apôtre Paul : « Et si la trompette produit un son incertain, qui se préparera au combat ? » (1 Co 14.8, NBS). C'est le combat des hommages. Vincent vit Amos « venir et partir, car les études qu'il avait embrassées étaient plus longues ». C'était la médecine. Amos l'avait, à son tour, accueilli et hébergé pendant quelques jours chez lui, quand il était affecté à Dabou en 1982 comme médecin-chef de l'hôpital public. C'était un homme qui « aimait la rigueur et l'engagement [...], un homme de devoir et de conviction ».

Michel Kouliga Nikiéma reconnaît à travers *Une complicité dans l'action commune* avoir fait route avec le Dr Nangor. Il écrit que sa vie et sa contribution aux GBUAF et à la Ligue pour la lecture de la Bible (LLB) ont fait du bien aux autres partenaires dans l'œuvre de Dieu. Il trouve que la vie humaine est un assemblage du terrestre et du divin en une triple communion : celle de la poussière du sol et du souffle vital émanant du divin ; de l'homme formé du terrestre et du céleste en relation avec le propriétaire de la poussière et du souffle ; de la fraternité humaine qui suppose une communion d'équité (corps, âme et esprit).

Solomon Andria, se faisant le porte-parole du Dr Nangor, rappelle ce qu'il disait si souvent avec force et conviction : « Si le GBU n'existait pas, il faudrait le créer. » Il l'avait rencontré pour la première fois en 1980, au moment où le Dr Nangor était étudiant à la faculté de médecine d'Abidjan, et fiancé à Marie-Thérèse, devenue plus tard sa femme. Ils avaient fait route ensemble dans le ministère estudiantin. Le Dr Nangor, formé par Dieu tant *verticalement* qu'*horizontalement*, était devenu le président du comité exécutif des GBUAF en 1992, pendant qu'Andria en était le secrétaire régional.

Élie Désiré Djom Nack se souvient que, *C'était il y a dix ans,* qu'il recevait un courrier contenant le diplôme d'honneur des GBUAF qui lui était décerné pour sa contribution exceptionnelle en leur sein : « Ce diplôme était signé le 9 août 2002 à Abidjan par Vincent Nangor, président du comité exécutif, et Daniel Bourdanné, secrétaire général. » Il avait fait la rencontre du Dr Nangor en 1992, au 9e congrès triennal de Douala (Cameroun) : le Dr Nangor, écrit-il, « venait de succéder au frère Amos Boni qui l'appréciait beaucoup. Je n'ai pas tardé à découvrir en [lui] un érudit, un brillant orateur de la bonne nouvelle du Seigneur ».

Vincent Yao Atoungbré soutient qu'il était *Un étudiant de la Parole.* Il fait comme une allusion à *Étudiants de la Parole, Interagir avec les Écritures pour avoir un impact dans le monde*, un ouvrage de John Stott, publié par l'IFES (2020). Il ajoute : « Le Dr Nangor était très attaché à la Parole de Dieu. Il n'est pas du tout hasardeux de dire de lui qu'il était un étudiant de la Parole. » C'était un ami fidèle qui lui avait fait l'insigne honneur d'être à ses côtés comme témoin à son mariage. Il avoue qu'il y a des rencontres heureuses que l'on fait dans la vie qui impactent toute l'existence.

Barka Kamnadj le considère comme *Un calao des GBUAF.* Il le rencontra pour la première fois au 9e congrès triennal de 1992 à Douala (Cameroun). Le contact étant établi, les relations se tissaient, la communion fraternelle s'intensifiait. Chacun aimait, honorait, valorisait l'autre. Il atteste : « Comme le calao, Nangor aimait les rassemblements, la vie de groupe, le vivre-ensemble, le partage d'information [...]. Ses discours étaient des moyens efficaces de communication. » Ses prises de position avaient « apparemment quelque chose de commun à celle des calaos : le besoin d'intégrité, d'indépendance. »

Célestin Kouassi le caractérise dans *Il aimait secouer le cocotier* en ces termes : « Le Dr Nangor était vraiment un homme courageux qui pouvait vous dire la vérité en face. Il trouvait du plaisir à jeter le pavé dans la mare, il aimait secouer le cocotier. » Animant une conférence sur « Le SIDA à la porte de l'Église », il démontra « à partir d'exemples bibliques que le SIDA n'était plus à la porte de l'Église mais y était déjà entré ». Un participant brandit sa Bible et rétorqua : « Ma Bible ne me dit pas qu'un chrétien peut contracter le SIDA. » Et le Dr Nangor de répliquer : « Il y a des gens qui lisent de la Bible, ils ne lisent pas la Bible. »

Jacob Hotègnin Djossou retient que le Dr Nangor était *Un passionné des GBUAF* « qu'il aimait sans réserve. Il y trouvait son compte. C'était sa famille, sa maison. Il était le président du comité exécutif de 1992 jusqu'au passage de la structure exécutive à la structure consultative [...] en 2002. Il était un homme qui ne savait pas cacher la vérité qui était au fond de son cœur ». Il trouve en lui « un intellectuel chrétien africain, mais aussi et surtout un vrai chrétien panafricaniste qui rêvait grand pour le monde évangélique africain. Il avait marqué à succès des esprits par son leadership au sein des GBUAF ».

Geneviève Guéi avoue que le Dr Nangor était *Un médecin-écrivain* et reconnaît n'avoir pas caché sa surprise « de découvrir la qualité linguistique, le maniement de la langue française, la structuration du langage et la profondeur biblique et engagée de [ses] discours ». Ayant lu le premier discours en sa possession, elle avait vite fait de demander un autre avec le désir de faire un jour la connaissance de l'auteur. Alors, elle apprit que l'auteur des discours engagés et bibliques était un médecin. Sur ces entrefaites, elle chercha secrètement à le rencontrer. Ce fut une chose faite au siège des GBUAF et aux grands rassemblements des GBU.

Abel Laondoye Ndjerareou met en relief *Des rencontres providentielles et stratégiques* de ministère. Il en mentionne quatre dont deux en Côte d'Ivoire. La première était à Bingerville où il avait fait la connaissance du Dr Nangor. La deuxième était à Bouaké. Toute l'assemblée était invitée à la fin de l'enseignement à s'agenouiller pour se consacrer de nouveau au ministère. Le Dr Nangor était le premier à s'agenouiller à côté de lui. Ils prièrent tour à tour pour les secrétaires généraux, tout comme l'apôtre Paul, à la fin de son discours dans Actes 20.36, « s'est mis à genoux et a prié avec eux tous » (Segond 21).

Pierre Ezoua apporte sa brève touche d'art et de poésie dans *Il s'en est allé notre djely des GBUAF,* pour consoler les cœurs affligés, réconforter la famille éplorée, encourager les familles nationale, régionale et mondiale de l'IFES endeuillées. Il conjure : « Ne pleure pas. Chante : gloire ! » Il s'en est allé, pour l'éternité. « […] Mais ce n'est qu'un au revoir ; […] nous nous retrouverons, un jour, là-haut pour l'éternité ! Soli Deo Gloria ! » Oui, gloire à Dieu qui donne la paix dans la souffrance et la joie dans la douleur, par Jésus-Christ, « homme de douleur et habitué à la souffrance » !

Klaingar Ngarial lui rend cet hommage appuyé : *Nangor, le « minable »* ! Comme bien d'autres dans cet ouvrage, il l'a rencontré pour la première fois au 9ᵉ congrès triennal des GBUAF de Douala en 1992. Il écrit : « Dès lors nos chemins ne se lâchèrent plus. » Il reconnaît que toutes les rencontres auxquelles le Dr Nangor prit part, dudit congrès jusqu'à la panafricaine de Cotonou en 2019, « ont été des moments où [son] admiration pour l'homme ne faisait que croître et [son] attachement à lui de plus en plus serré ». Le don du terrain qu'il fit aux GBUAF et les démarches afférentes faites ensemble enfoncèrent le clou.

La plume est tendue

Vincent Koutouan Nangor clamait souvent haut et fort : « Si le GBU n'existait pas, il faudrait le créer. » Et si l'homme n'était pas passé par là ?

Barka Kamnadj
Directeur de l'ouvrage
Tchad

UN HOMME DE PRINCIPES

J'ai connu le Dr Nangor Koutouan Vincent pendant mes années universitaires, à l'université d'Abidjan, en septembre 1976. Il y était déjà avec d'autres frères et sœurs depuis quelques années. Il m'a vu venir et partir, car les études qu'il avait embrassées étaient plus longues. Il en est sorti avec un diplôme d'État de docteur en médecine. Il aimait l'engagement et la rigueur.

Un homme engagé et rigoureux

Mes responsabilités de secrétaire général puis de président du Groupe biblique universitaire (GBU) m'ont donné l'occasion de côtoyer les étudiants chrétiens de toutes les dénominations présentes sur le territoire du campus de Cocody et dans les cités universitaires. Notre mission était de présenter Jésus-Christ comme le Sauveur et le Seigneur du monde. Tout au long de ce parcours, nous avons été encouragés et fortifiés par le témoignage de certains frères comme Nangor, dont la vie rimait avec rigueur et engagement pour le service du Seigneur Jésus. Les enseignements qu'il avait l'occasion de dispenser étaient empreints d'une profondeur inégalée. Ils étaient le fruit de recherches bien menées et de consécration entière à Dieu.

Nous n'oublierons pas cette fameuse émission où il avait été interrogé sur la position biblique face au débat qui enflait au sujet de la chasteté parmi les jeunes, sur les ondes de radio ELWA (actuelle radio Fréquence Vie). Ses convictions profondes, son témoignage personnel ainsi que ses références bibliques appropriées ont plus que touché le cœur de la jeunesse universitaire de l'Afrique de l'Ouest. Nous avons été vivement encouragés à rediffuser cette émission « Vivre pour Christ » qui de ce fait a vu croître son audimat. Il avait le sens du devoir accompli avec conviction.

Un homme de devoir et de conviction

Vincent Nangor était un homme de devoir et de conviction. Il ne transigeait pas sur le respect de l'engagement pris devant son Dieu en général et quand il s'agissait de la vie de sanctification en particulier. Ceux qui avaient de lui une approche de façade le trouvaient trop dur. Cette dureté, il se l'appliquait en prime tout en récusant le favoritisme et le laisser-faire. Son passage à la Mission biblique, à l'Église baptiste méridionale (Missionnaire), à la Ligue pour la lecture de la Bible et au Groupe biblique universitaire lui a certainement imprimé une étoffe imperméable aux attraits du monde et cela tout au long, non seulement de sa carrière estudiantine, mais aussi et surtout de sa carrière professionnelle, médecin de son état qu'il était.

Un serviteur hors-pair de son État

Après avoir servi comme jeune médecin dans l'ouest de la Côte d'Ivoire, il m'a rejoint à Dabou en 1982 comme médecin-chef de l'hôpital public. Ce fut pour moi un réel plaisir et une joie profonde d'accueillir et d'héberger, pour quelques jours, ce grand frère qui m'aimait tant. Nous avions eu, de manière opportune, l'occasion exceptionnelle de ressasser nos souvenirs d'étudiants chrétiens. Il a laissé dans cette ville pleine d'histoire, l'image indélébile d'un serviteur de l'État au caractère trempé, affable, disponible et généreux dans les soins apportés aux malades. Il était l'ami connu et reconnu de tous et n'était l'ennemi de personne, du plus grand au plus modeste.

Je garde encore en mémoire, entre autres facettes de sa vie, ses remontrances à ce monsieur qui voulait le corrompre avec la somme de deux millions de francs CFA. Ce dernier croyait par cet artifice se faire payer une rondelette somme par son assurance. Il fallait simplement lui délivrer un faux certificat médical. Nangor n'était assurément pas la bonne porte à laquelle il avait frappé !

Je voudrais clore cet hommage par la responsabilité qu'il a assumée avec brio à la tête des GBUAF en tant que président du comité exécutif (où je siégeais depuis), en succédant à l'honorable Jérémie Gnaléga (1935-2004). Il présidait les sessions du comité en égrenant l'ordre du jour avec minutie tout en maintenant une ambiance bon enfant. Tout « Gbussien » francophone gardera en mémoire et pour longtemps encore ses messages d'ouverture aux assemblées triennales qui étaient un véritable régal intellectuel et spirituel, tant l'éloquence se le disputait avec la pertinence de son argumentation.

«Et j'entendis du ciel une voix qui disait : Écris : Heureux dès à présent les morts qui meurent dans le Seigneur ! Oui, dit l'Esprit, afin qu'ils se reposent de leurs travaux, car leurs œuvres les suivent » (Ap 14.13, LSG). À Dieu seul soit la gloire pour l'éternité !

Amos Boni
Ancien vice-président des GBUAF
Côte d'Ivoire

UNE COMPLICITÉ DANS L'ACTION COMMUNE

La vie et la contribution du Dr Nangor aux Groupes bibliques universitaires d'Afrique francophone (GBUAF) et à la Ligue pour la lecture de la Bible (LLB) ont fait du bien à nous autres partenaires dans l'œuvre de Dieu.

La vie humaine, un assemblage du terrestre et du divin, est une triple communion. La première étant celle de la poussière du sol et du souffle vital émanant du Créateur, donc, du divin. La deuxième est celle de l'homme formé du terrestre (poussière) et du céleste (souffle vital), en relation avec le propriétaire de la poussière (le corps) et du souffle (l'âme). Par nature, ces deux niveaux se réalisent dans une relation nécessairement verticale. C'est l'union du ciel et de la terre. L'Emmanuel précurseur en la troisième personne de la Trinité : l'Esprit Saint qui donne « la vie, le mouvement et l'être » (Ac 17.28, Segond 21). L'Emmanuel, Fils de l'homme, se révélera en la deuxième personne de la Trinité (Jésus-Christ), l'enfant qui nous est né, le fils qui nous est donné, dont le nom est Emmanuel : Dieu avec nous (Es 7.14 ; 9.5). Cette relation, contrairement à la précédente, se vit dans la verticalité, sans alternative, une condition de la vie humaine, créée et à statut non négociable ! La relation avec l'autre semblable (horizontale) est soutenue par la relation avec Dieu (verticale). Le troisième niveau concerne la fraternité humaine. Les hommes, sortis d'un seul sang, habitant sur toute la surface de la terre se doivent de gérer les relations entre eux (Ac 17.26a). Là aussi, la radicalité est condition de sa réalisation. La fraternité suppose une communion d'équité, c'est-à-dire corps, âme et esprit. La dimension linguistique joue un rôle non négligeable, car la communication est l'autre élément central dans la communion. La fraternité se crée dans une communication interhumaine car le partage est sa nature. Malgré la profondeur d'intimité qui peut se créer entre l'animal et l'homme, la barrière linguistique sera un handicap insurmontable pour parvenir à la fraternité. Là, il y a un défi à relever.

Un défi à relever

Il ne faut pas seulement se découvrir prochain de son prochain, mais vivre la réalité de la fraternité au quotidien. Relever ce défi est la condition *sine qua non* du succès dans la pratique des relations précédemment citées. L'apôtre Jean pose la question insipide : « Si quelqu'un dit : J'aime Dieu, et qu'il haïsse son frère, c'est un menteur, car celui qui n'aime pas son frère qu'il voit, comment peut-il aimer Dieu qu'il ne voit pas ? » (1 Jn 4.20, Colombe). Et quand on sait que les menteurs n'hériteront pas le royaume des cieux !

L'être humain est comptable de la gestion de ces trois communications ou de communion. Ceux qui prétendent aimer Dieu doivent le démontrer en aimant leurs prochains, leurs semblables, comme Dieu les aime. C'est là le témoignage à rendre qui est partie intégrante de la foi-confiance. La Pentecôte est le départ de cette nouvelle vie qui met fin à celle dramatique du début de l'humanité déshumanisée, où un frère devant son frère dans les champs lui donne la mort et renie être son gardien (Gn 4.8). C'est le lieu du deuxième souffle vital qui confère une nouvelle vie dépouillée du venin mortel pour permettre une fraternité entre frères, une complicité dans l'action commune. Il y a bien des lieux qui s'y prêtent.

Lieux de rencontre et de communion

C'est à la faveur des rencontres de communion au sein de la structure des GBUAF, mais aussi et surtout de celle de la LLB que j'ai rencontré le Dr Nangor, pour une complicité dans l'action commune. Nous avons tissé des relations fraternelles qui se sont révélées mutuellement bénéfiques. D'abord, pour nous deux personnellement, par la suite pour nos familles et enfin pour les structures para-ecclésiastiques dans lesquelles nous militions. Comme tout bon « Gbussien » (et « ligueur » tout autant) le Dr Nangor a relevé les défis des relations constructives avec les autres membres de la communauté. Cela était une condition pour réussir sa mission au sein de ces groupes que sont les GBUAF et la LLB, surtout en tant que membre dans l'organe directionnel. La LLB était à l'honneur.

Contribution à la LLB

Le témoignage va s'articuler en particulier autour de sa mission au sein de la LLB, où il occupait le poste de membre dans le comité. J'en étais l'agent et j'habitais au siège situé à Cocody, dans la ville d'Abidjan. Toutes nos activités administratives s'y déroulaient. Le Dr Nangor deviendra mon médecin personnel, veillant avec la plus grande attention à mon bien-être physique, émotionnel et spirituel. Un aspect encourageant de notre relation s'est révélé par rapport à son sens de responsabilité dans son engagement en tant que membre du comité. Une des charges d'un membre du comité est de contribuer à la récolte des fonds pour faire fonctionner la maison. Le Dr Nangor s'est révélé être un généreux contributeur, mais aussi et surtout un grand organisateur du lobbying dans son milieu géographique. En effet, sur environ trois millions (3 000 000) de fonds récolté annuellement, environ sept cent mille (700 000), presqu'un quart, provenait de Dabou, grâce à son effort de mobilisation. Il était celui qui était le plus éloigné du siège, lieu de nos rencontres pour nos réunions, mais il faisait partie des plus fidèles participants. Quand il prenait un engagement, il se faisait un honneur de le respecter et cela était une source d'encouragement pour ses collaborateurs. Il travaillait en bonne intelligence avec les autres membres du comité. Il avait des idées et les exprimait clairement à chaque opportunité de débat.

Sa contribution était aussi bien intellectuelle et morale que spirituelle. Il avait une place et l'occupait bien, pour l'intérêt de notre structure et de nos bénéficiaires. Les méditations données à tour de rôle lors de nos réunions statutaires étaient pour lui une autre opportunité de nous édifier, nous membres du comité, chaque fois que c'était son tour de l'apporter. Il était un orateur hors-pair qu'on écoutait avec intérêt, car on ne pouvait l'écouter sans être édifié et défié ! Il en était de même du côté des GBUAF.

Contribution aux GBUAF

À chaque fois que le président Nangor prononçait un discours à l'occasion d'une cérémonie d'ouverture ou de clôture lors des rencontres triennales, il apportait une contribution significative à la mission des GBUAF. Chaque discours était préparé avec soin, après des recherches de données bien ciblées sur le pays où la réunion se tenait.

L'historique du pays, sa spécificité, ses exploits, etc., étaient agencés pour impacter l'auditoire de manière durable. Les officiels repartaient toujours avec un sentiment de fierté et les congressistes se réjouissaient d'avoir un porte-parole aussi compétent que convaincant. Le fait que ces discours aient fait l'objet d'une publication[1], même *post mortem*, en est la preuve. Quand le Dr Nangor prenait la parole, il avait quelque chose à communiquer et il le faisait bien et c'étaient les GBUAF qui en sortaient grandis ! Pour s'en convaincre, voici un extrait de son discours inaugural au 10e congrès triennal de 1996 à Ouagadougou (Burkina Faso) :

> Sachons que l'intégrité ne se décrète pas. Elle se forge individuellement et cela est tout à fait possible. En baptisant votre terroir de « pays des hommes intègres », les dirigeants du Burkina Faso n'ont pas fait de ses habitants des saints. Mais ils vous invitent plutôt à un exercice permanent d'intégrité. Il s'agit donc d'un véritable défi moral hautement spirituel dont le relèvement sera sûrement porteur d'espérance pour le continent africain auquel le Burkina Faso servira alors d'étalon[2].

Il trouva tout de go que relever dignement ce qu'il appelait « un véritable défi moral hautement spirituel » était fort possible, non seulement à l'échelle nationale, mais aussi continentale, car le Burkina Faso devrait être désormais la locomotive de l'ensemble du continent à cet effet. Et il ajouta, non sans conviction et passion :

> La victoire sur ce noble défi national à portée continentale, doit obligatoirement commencer par vous, disciples de Jésus-Christ, l'Intégrité faite homme. Vous avez l'impérieuse responsabilité de le représenter en dignes ambassadeurs, dans tous les secteurs d'activité, au pays des hommes intègres[3].

Je ne maitrise pas son leadership au sommet de la structure des GBUAF. Je n'ai jamais été impliqué à ce niveau de responsabilité. J'ai observé de loin l'iceberg de par son sommet qui semblait indiquer que la partie immergée était importante, bien consolidée et bénéfique à la structure. Son engagement à la LLB et sa contribution combien importante à cette œuvre m'autorise à croire qu'il n'a pas fait moins aux

---

[1] Vincent Koutouan Nangor, *Applique-toi à la lecture. L'intellectuel africain dans le dessein de Dieu*, Abidjan, Les Presses de la FATEAC, 2023.

[2] *Ibid.*, p. 47.

[3] *Ibid.*, p. 48.

GBUAF. Mais d'autres voix plus autorisées que la mienne pourraient confirmer mes suppositions.

J'ai ouï dire qu'il aurait mis tout en œuvre pour que les GBUAF aient un terrain d'une certaine importance dans son village pour la construction d'un centre polyvalent. Le Dr Nangor avait une bonne vision du futur et se donnait les moyens pour la rendre fructueuse. Il avait voulu par son passage dans la structure la marquer d'une pierre blanche, lui donner une identité, la fixer sur un terrain, une maison, une maison commune à des générations de « Gbussiens ». En faisant cela, il avait porté du fruit, et son fruit va demeurer (Jn 15.16). Le Dr Nangor se considérait comme choisi et établi par Dieu pour être, entre autres, une bénédiction au sein des GBUAF. Il considérait cette vocation comme une grâce et il ne voulait pas recevoir cette grâce en vain ! Il n'était pas mû par une simple générosité. La générosité peut être exercée à l'égard des hommes, mais pas à l'égard de Dieu qui fournit la semence au semeur et du pain pour sa nourriture. Que peut posséder un homme sans qu'il ne l'ait reçu de Dieu et comment peut-on être généreux avec celui de qui on doit toutes choses ? La manière d'être et de faire en donne sens.

Manière d'être et de faire

La générosité de Nangor m'avait particulièrement marqué. J'ai souligné plus haut que le Dr Nangor était devenu mon médecin personnel. À chacun de ses passages à Abidjan (il habitait à Dabou) il se rendait systématiquement chez nous (à la maison) pour une communion fraternelle, toujours bienfaisante. Il saisissait à chaque fois l'occasion de faire un diagnostic de ma santé sans stéthoscope ou tensiomètre. En fonction du résultat, j'étais invité (avec ma famille) le weekend à Dabou pour une pratique du sport dans un cadre particulier qui nous permettait de joindre l'utile à l'agréable. Nous nous délections ainsi dans notre hobby partagé pendant pratiquement toute la journée. Il me faisait sortir de mon cadre de claustration habituel d'une grande ville aux sonorités répétitives et épuisantes, pour un milieu naturel, où le concert des chants d'oiseaux dans un silence paisible et calme, humanise l'urbain, ramené en son lieu, son milieu naturel ! Ces journées de désintoxication se clôturaient toujours par un repas « exotique », un moment de prière avant une nuit (généralement bonne, fatigue physique oblige) pour un sommeil réparateur. Voilà comment mon médecin me soignait le weekend et me mettait d'aplomb pour la suite de la semaine. C'était ainsi qu'il extirpait mon alibi du manque de temps pour le sport.

Il est à souligner que le Dr Nangor, autant que je m'en souvienne, ne m'avait jamais administré une injection quelconque, ni ne m'avait bourré de produits chimiques pour artificiellement et temporairement me remonter. Il avait construit des « dortoirs » dans sa cour pour recevoir les élèves en études à Dabou. Sans avoir vérifié l'identité de ces élèves, les quelques informations reçues ici et là m'indiquent que ces enfants provenaient, pour certains, de sa parenté proche ou lointaine et de ses amis. C'était une fratrie (tribu) à nourrir, à héberger et à soigner. Il savait renoncer à un certain standing de vie (que les ressources d'un docteur pouvaient lui permettre) pour assumer les obligations d'un chef de tribu. Il m'est revenu que quelqu'un l'aurait accusé « d'avoir la main dure ». Probablement, le choix de Vincent était de se concentrer sur les plus vulnérables sans oublier les autres qui peuvent mal juger ses contributions compte tenu de son rang social.

Il convient de souligner que le couple avait quatre enfants biologiques, auxquels s'étaient ajoutés ses frères qu'il avait aussi en charge. C'est ici le lieu de rendre hommage à sa femme, affectueusement appelée « Mathé », femme de grande envergure aux épaules larges pour porter le grand fardeau que représente une si grande famille. Femme discrète, mais efficace en socialisation et en administration des humains et des affaires. À l'admission de Mme Nangor, directrice d'un lycée, à la retraite administrative, ses supérieurs comme ses collègues ont exprimé leur regret de la voir partir. On dit souvent que derrière un grand homme, il y a une grande femme ! Le message est délivré.

Message aux uns et aux autres

La franchise était un pilier sur lequel reposaient ses interactions avec les autres, mais surtout dans les débats qui conduisaient aux prises de décisions au niveau de la direction des structures dans lesquelles il militait. Il avait le courage de ses idées ; même s'il fallait les défendre seul, il le faisait avec la plus grande conviction. J'ai pu constater qu'il avait en horreur le suivisme. Il le combattait de toutes ses forces, en argumentant. De tels caractères dans un groupe forcent les membres du groupe à faire des bonnes analyses des situations pour proposer des décisions bien réfléchies et argumentées.

Il était un homme réfléchi. Son schéma de prise de décision était celui de poser une thèse, de trouver des antithèses avant d'arriver à une synthèse. C'était un homme de grande culture, un homme qui lisait beaucoup, un consommateur de la littérature dans diverses disciplines. Un « étudiant » permanent qui cherchait continuellement à combler ses lacunes. Il ne se contentait pas d'être un spécialiste de telle ou telle matière. Il était toujours à la recherche d'une envergure, et les GBUAF étaient pour lui un terrain de prédilection ; ce milieu intellectuel lui servait de terreau pour son ascension. On comprend dès lors son attachement à cette œuvre qui lui permettait de réaliser son potentiel. On aimerait donner deux conseils, tout au plus, si c'était à reprendre.

Conseils à donner si c'était à reprendre

Une des premières choses que je lui conseillerais, c'était lui répéter ce que je lui ai toujours dit toute la période de notre amitié : Écrire ! Écrire ! La dernière fois que je lui ai répété ce refrain (maintes fois répété), il me disait qu'il avait commencé à le faire. Je constate avec amertume, qu'il a pris trop de temps pour commencer, et qu'il a commencé trop tard ! J'ai eu le sentiment que même s'il avait commencé, ce n'était pas avec beaucoup de conviction. Vincent avait pourtant, à mon avis, tout le potentiel pour écrire, et même pour être un bon écrivain. Il avait des choses à dire et il savait les dire tant oralement que par écrit. Oralement, il s'y prêtait plus facilement, mais par écrit, il semblait avoir une retenue.

La deuxième chose que je lui conseillerais serait d'être plus indulgent avec ceux qui n'ont pas le même niveau de culture générale, de culture biblique et de niveau spirituel que lui. Nous n'avons pas tous la même vision des choses ni le même niveau d'analyse de situation et d'inspiration devant un événement donné. Par rapport à l'inspiration, les différents responsables, à chaque niveau de responsabilité, peuvent avoir une inspiration particulière qui n'obéit pas à une logique intellectuelle. Je pense surtout aux leaders religieux qui doivent être branchés aux sources divines pour recevoir leurs ressources en vue d'une gestion optimale du peuple dont ils ont la charge. Dans certaines circonstances, ils peuvent être les seuls à recevoir une révélation propre à une situation qui n'a rien à voir avec une analyse intellectuelle de situation. Il me semble qu'une prise en compte de cette réalité donnerait une certaine stabilité aux relations avec les leaders d'Églises, avec lesquels il faut nécessairement conjuguer en tant que fidèle dans une église locale.

Il aurait aussi gagné à être moins attentif à la sirène des mécontents qui souvent voulaient le prendre comme dernier recours, un messie qui pourvoirait à tous leurs besoins se résumant à des attentes bassement égoïstes. Il ne reste plus qu'à conclure.

Ce ne sont là que des points de vue qui ne peuvent avoir de valeur que celle que lui donne leur émetteur. Une attitude jugée comme faible peut être un élément d'un ensemble sans lequel toute la structure de la personne s'en trouverait affectée. La personne ne serait plus elle-même si ces éléments étaient extirpés ! Parfois, c'est un petit correctif qu'il faut appliquer au risque de dénaturer une personnalité. Ce correctif-là relève de la mission du Saint-Esprit qui a son tabernacle en chacun des élus !

Michel Kouliga Nikiéma
Théologien, coordinateur de l'ONG Vigilance
Ancien agent de la Ligue pour la lecture de la Bible
Burkina Faso

« SI LE GBU N'EXISTAIT PAS, IL FAUDRAIT LE CRÉER »

Beaucoup savent que cette parole est du Dr Nangor Koutouan Vincent. En effet, notre frère Nangor était formé dans et par le GBU depuis son jeune âge, comme étudiant en médecine et jusqu'à la fin de ses jours ici-bas, pour ainsi dire. C'était une formation pour la vision de Dieu.

Formation pour la vision de Dieu

Il était *verticalement* formé par Dieu à travers les études bibliques ; constamment à l'écoute de Dieu qui, par son message, transforme la vie intérieure pour ressembler au seul vrai modèle, Jésus-Christ. Il l'était aussi *horizontalement* par la communion fraternelle entre étudiants chrétiens. Il vivait avec ses frères en Christ à la faculté, à l'église locale, dans les cellules d'étude biblique où des cadres chrétiens s'enrichissaient les uns les autres, dans la vie quotidienne, dans le banal, « au carrefour de l'ordinaire et de l'extraordinaire[4] ».

J'ai rencontré le frère Nangor pour la première fois en 1980. Il était alors étudiant à la faculté de médecine d'Abidjan, fiancé à Marie-Thérèse, devenue plus tard sa femme. Il avait la liberté de me dire ce qu'il avait sur le cœur : ses défis sur les relations ecclésiales, sur la division entre croyants concernant la vision de Dieu pour le monde estudiantin. Entre nous, la communion fraternelle était rapidement établie, pourtant nous étions bien différents l'un de l'autre sur divers plans. Mais nous avions une vision commune : communiquer l'Évangile aux étudiants par l'étude biblique et les aider à s'approprier le message de Dieu.

Ayant fini ses études et ayant soutenu sa thèse, il accédait au statut d'Ami du GBU, statut qui faisait de lui un aîné inspirant les étudiants dans leur vie à l'université par son témoignage et ses enseignements.

---

[4] Yves Darrigrand, alors secrétaire général des Groupes bibliques universitaires et lycéens (GBUL) de France, au 2ᵉ congrès mondial des GBU francophones, Jacqueville, Côte d'Ivoire, 1989.

Il était aussi un dirigeant dans son église locale à Marcory, Abidjan. Il m'invitait régulièrement à y prêcher et faisait comprendre que la prédication de la Parole de Dieu est la Parole de Dieu, comme le disaient les pères spirituels depuis la Réforme. Pour lui, la prédication est au cœur du culte. Il n'avait de cesse d'en faire mention, même après qu'il ait été à la tête des GBUAF.

À la tête des GBUAF

Il avait la conviction que le GBU est un outil de Dieu au service des Églises. Dans ce sens, ce mouvement est aux côtés et non à côté des Églises. L'on se rend compte qu'une église locale ayant des jeunes formés dans le GBU comme dirigeants laïcs est bien dynamique. Il parlait d'Église au sens d'un maillon essentiel de la chaîne que la société représente. Dans son discours d'ouverture au 10e congrès triennal des GBUAF tenu à Ouagadougou (Burkina Faso) en 1996, il précisa d'un ton magistral :

> Nous sommes universitaires. Notre cible de prédilection étant les élites africaines, nous évangélisons les élèves et étudiants d'aujourd'hui, qui seront demain responsabilisés au plus haut niveau de la société, comme des solutions vivantes de Christ aux problèmes de leurs concitoyens[5].

Le comité exécutif des GBUAF le nommait président, les GBUAF étant alors un mouvement affilié à l'IFES, plutôt qu'une région. Ce poste était occupé au départ par Jérémie Mémé Gnaléga (1935-2004). Comme secrétaire régional, j'allais régulièrement à Dabou, à 50 km d'Abidjan, pour le rencontrer, pour préparer nos réunions et surtout pour partager avec lui les fardeaux des GBUAF. Nangor était d'un soutien moral et spirituel exceptionnel pour le mouvement, et surtout pour moi. À coup sûr, je rentrais de Dabou soulagé et encouragé dans mon ministère en Afrique francophone. Nangor savait élargir l'espace de sa tente au-delà des GBUAF.

Au-delà des GBUAF

En 1995, après 15 ans dans les GBUAF, je décidai de servir la Faculté de théologie évangélique de l'alliance chrétienne (FATEAC)

---

[5] Vincent Koutouan Nangor, *Applique-toi à la lecture. L'intellectuel africain dans le dessein de Dieu*, Abidjan, Les Presses de la FATEAC, 2023, p. 45.

d'Abidjan, d'abord comme administrateur d'un projet et ensuite comme professeur de dogmatique. Et quelle ne fut ma surprise de voir Nangor comme étudiant ! Certes, il l'était à temps partiel, mais il me faisait ainsi comprendre que la formation se faisait jusqu'à la fin de notre séjour terrestre. Cette formation est, certes, intellectuelle mais elle façonne toute la personne, corps, âme et esprit. Il me rappelait qu'il avait suivi auparavant un cours de théologie organisé dans le cadre du GBU à Abidjan, appelé alors Courthel, cours de théologie pour les laïcs. C'est dire que notre frère était formé pour former à son tour les jeunes frères. Pour lui, la formation ne vise pas l'acquisition des diplômes et des grades académiques au plus haut niveau, mais aide les jeunes à assumer leur responsabilité dans l'extension du royaume ici-bas. C'est d'ailleurs l'un des commandements de Dieu : « Tu aimeras le Seigneur, ton Dieu [...] de toute ta pensée » (Mt 22.37, Colombe). Le Dr Nangor formait les jeunes non seulement par les enseignements qu'il donnait, mais aussi et surtout par son mode de vie. Il présentait les grandes vérités de Dieu mais aussi les valeurs éthiques que ces vérités secrètent, comme il sied à un dirigeant-type.

Comme dirigeant-type

L'une de ses qualités que je voudrais bien avoir, c'est la volonté de collaborer avec les autres, si différents soient-ils.

Comme étudiant, il était aux côtés des responsables du GBU. Il les encourageait à aider les autres à l'appropriation du message de Dieu par les études bibliques. Pour lui, le GBU est un outil précieux de Dieu pour l'évangélisation et la formation des futurs cadres.

Comme membre d'une église locale, il était aux côtés de son pasteur, pour le soutenir, et si nécessaire l'aider dans l'enseignement. J'imagine qu'il participait au choix des prédicateurs dans son église locale, à l'organisation des séminaires à l'intention des responsables et des membres. Mais il était à l'arrière-plan.

Comme président des GBUAF, il nous indiquait la voie à suivre dans ce monde où tout change, où la lecture de la Parole et la réflexion n'attirent plus la jeune génération – le livre cède la place à la tablette, l'écrit à l'image, et le culte au spectacle ! Il donnait des conseils fermes et précis aux ouvriers à plein temps, plus particulièrement au secrétaire régional que j'étais. Bref, il était un « grand-frère », au sens africain du terme. Il était aussi l'avocat du GBU en cas de litige avec des responsables d'Églises, face aux chrétiens septiques à l'égard des mouvements para-ecclésiastiques comme le GBU, ceux qui pensent que tout doit se faire dans leurs Églises, leurs dénominations.

Comme médecin, il tissait des relations interpersonnelles avec ses collègues et avec les patients. Pour lui, un malade est avant tout un ami. Il optait sans doute pour « la médecine de la personne » comme Paul Tournier, pour la médecine qui guérit tout l'homme, corps, âme et esprit.

Nangor fut un fruit du GBU, formé par ce mouvement pour servir dans le monde. Il avait ainsi une dette à « payer » au GBU en Côte d'Ivoire et dans toute l'Afrique francophone : ce qu'il avait reçu de Dieu, il le retransmettait à la génération présente et future. Il avait bien raison de dire que « Si le GBU n'existait pas, il faudrait le créer ». Et j'ajouterais qu'il faudrait aujourd'hui davantage de personnes comme Nangor.

Solomon Andria
Secrétaire régional des GBUAF (1980-1995)
Professeur émérite à la FATEAC / UACA
Madagascar

C'ÉTAIT IL Y A DIX ANS

Il y a dix ans, j'ai reçu un courrier qui contenait le diplôme d'honneur des Groupes bibliques universitaires d'Afrique francophone (GBUAF), décerné à un certain monsieur Élie Désiré Ndjom Nack, pour sa contribution exceptionnelle en leur sein. Ce diplôme était signé le 9 août 2002 à Abidjan par Vincent Nangor, président du comité exécutif, et Daniel Bourdanné, secrétaire général. La lettre qui l'accompagnait sonnait le glas du comité exécutif dont j'étais membre depuis le congrès triennal de 1996 à Ouagadougou (Burkina Faso). Or, c'est le 9ᵉ congrès triennal des GBUAF de 1992 qui a été le cadre de notre rencontre.

Le cadre de notre rencontre

J'ai connu Vincent Nangor en 1992, au 9ᵉ congrès triennal de Douala (Cameroun). J'étais alors président du Conseil spirituel national (CSN) du Groupe biblique des élèves et étudiants du Cameroun (GBEEC). Il venait de succéder au frère Amos Boni qui l'appréciait beaucoup. Je n'ai pas tardé à découvrir en Vincent Nangor un érudit, un brillant orateur de la Bonne Nouvelle du Seigneur. Pourtant, il paraissait aussi simple que discret après l'estrade. Voici de quelle manière il articula l'introduction et la conclusion de son discours de clôture, le tout premier, dans son rôle de nouveau président du comité exécutif des GBUAF :

> Au terme des assises de notre neuvième congrès triennal [de Douala, au Cameroun, en 1992], la présidence du comité exécutif de notre mouvement, les Groupes bibliques universitaires d'Afrique francophone (GBUAF) m'est échue. Une lourde responsabilité que seulement vos prières m'aideront à assumer [...].

> Enfin, au moment où au terme de ce triennal nous quittons les rives du wouri, avec de nouvelles connaissances assorties de nouvelles résolutions et responsabilités, je rêve de voir émerger de nos rangs, comme je le disais tantôt, des jeunes cadres dotés d'une compétence professionnelle indiscutable, doublée d'une culture pluridisciplinaire avérée et embellie

d'une haute moralité, jouant pleinement en tout lieu et en tout temps leur rôle de « sel de la terre » et de « lumière du monde », conformément à l'enseignement de Jésus de Nazareth, notre divin Maître[6].

Au dernier congrès triennal de Bamako (Mali) en 2002, son message poignant aux élites africaines avait été providentiellement arrosé par une douce pluie en réponse à la prière faite à Dieu par le Dr Bourdanné à cette occasion. Le ministre de la jeunesse, présent à la cérémonie d'ouverture, nous a annoncé que la pluie était attendue dans le pays depuis des mois[7]. Ses messages poignants et actuels étaient le principal point d'attention des débuts de congrès dans l'histoire des GBUAF.

Vincent a été un orateur exceptionnel de la Bonne Nouvelle de Jésus-Christ. À l'écouter, on avait l'impression d'être devant un professeur d'histoire, de sociologie, de science politique, de théologie. En voici une preuve largement suffisante :

> Il est plus que jamais temps que l'Afrique accepte enfin de commencer à penser et agir par elle-même et pour elle-même. Nous en sommes capables. Nos aînés l'ayant démontré en 1946 lorsqu'ils s'étaient donné rendez-vous ici même au pays de Soundiata Kéita pour décider ensemble des moyens de secouer le joug colonial. Ils y ont réussi et c'est avec déférence que nous saluons ici leur mémoire. Cinquante ans plus tard, à l'heure où les acteurs de l'historique congrès de Bamako n'ont plus besoin de liberté en ce monde, voici qu'une élite chrétienne de l'espace francophone d'Afrique s'est rendue elle aussi sur le bord de l'inaltérable Niger, témoin fidèle de notre histoire dont les puissantes eaux continuent inlassablement ses arabesques vers l'océan, comme pour entretenir notre espérance et nous exhorter à amorcer notre élan vers les horizons où nous ont précédés les autres peuples. Que Dieu nous accorde comme

---

[6] Vincent Koutouan Nangor, « Le point de départ d'un leadership panafricain », Assise du 9e congrès triennal de Douala, Cameroun, 1992.

[7] La sœur Martha Gafafer, alors Amie des Groupes bibliques d'élèves et étudiants de Guinée (GBEEG), en avait fait la remarque en 2014, sur le chemin de retour du congrès de célébration du 20e anniversaire de l'existence de ce mouvement national, quand la voiture qui nous ramenait à Conakry était tombée en panne, humainement difficile à comprendre, parce que Dieu avait également exaucé instantanément la prière du Dr Bourdanné adressée à lui en faisant reprendre la route à cette voiture, comme si de rien n'était. Dieu écoute la prière de ses enfants qui savent lui faire confiance et s'attendre à lui !

à nos illustres prédécesseurs des lendemains heureux à nos assises[8] !

Bref, on se croirait devant un érudit qui savait en qui il avait cru et qui avait les mots justes pour l'exprimer. Vincent était prédicateur d'un évangile holistique dont l'expression était dans son vécu quotidien. C'est l'image que le Dr Nangor donnait et je crois que c'est bel et bien celle qu'il laisse après lui. Il était le reflet du leadership transformationnel.

Le reflet du leadership transformationnel

Au sein du comité exécutif dont j'ai été membre de 1996 à 2002, il avait un leadership d'une subtile souplesse qui laissait s'exprimer les membres ou incitait à la contribution de chacun. C'étaient des moments exceptionnels de communion, de réflexion et de fraternité, au point que j'avais proposé à « Oncle », alors secrétaire national du GBEEC, Jean Libom Li Likeng, qu'on aille désormais aux rencontres du comité exécutif à Abidjan avec nos épouses qui, elles, étaient au tourisme aux côtés de leurs sœurs Ivoiriennes, Burkinabè ou Maliennes... pendant le temps d'autres rencontres.

Son message et le rassemblement des frères et sœurs étaient comme une invocation de l'unité africaine par les GBUAF. En effet, les membres des GBUAF se sentaient à l'étroit dans leurs pays. Nous avions l'impression d'être les frères et sœurs d'une seule et même nation que la connaissance du Seigneur rassemblait au mépris des frontières coloniales. Nous pensions à la possibilité d'utiliser la communion fraternelle pour renforcer les échanges universitaires entre les États. Les GBUAF sont une école pratique de diplomatie chrétienne, un champ d'expression de l'unité dans la diversité. Voici ce qu'il en disait à la tribune de leur 10ᵉ congrès triennal de 1996 à Ouagadougou (Burkina Faso) :

> Nous sommes une association chrétienne panafricaine dont les membres, issus de divers horizons dénominationnels ont accepté de taire leurs différences doctrinales secondaires, aux fins de cheminer au moyen de leur parfait accord sur l'essentiel de la foi chrétienne [en termes de salut] conformément à l'exhortation de l'apôtre Paul aux chrétiens de Philippes : « Si vous êtes en quelque point d'un autre avis, Dieu vous éclairera

---

[8] Vincent Koutouan Nangor, *Applique-toi à la lecture. L'intellectuel chrétien africain dans le dessein de Dieu*, Abidjan, Les Presses de la FATEAC, 2023, pp. 39-40.

là-dessus. Seulement, au point où nous sommes parvenus, marchons d'un même pas[9] » [Ph 3.15b-16].

Avant 1994, les mouvements nationaux étaient uniquement membres des GBUAF; ce sont les GBUAF qui étaient membres de l'International Fellowship of Evangelical Students (IFES), comme s'ils étaient un mouvement national. C'était à la réunion du comité exécutif de l'IFES tenue à Abidjan en juillet 1994 que les mouvements nationaux de la famille des GBUAF étaient admis à devenir membres de l'IFES[10]. Le secrétaire général des GBUAF était ainsi devenu secrétaire régional de l'IFES. En 2002, la structure exécutive des GBUAF a fait place à la structure consultative. En bon démocrate et responsable discret, le président Nangor n'a pas exposé sa position personnelle au risque d'influencer les autres.

La fin du comité exécutif des GBUAF venant concomitamment avec la crise politico-militaire en Côte d'Ivoire ne nous avait pas laissé la possibilité d'exprimer nos regrets d'avoir liquidé cet organe de décision de l'association interafricaine des jeunes chrétiens.

Le mélancolique diplôme d'honneur, signé de la main de Vincent Nangor, président du défunt comité exécutif, était devenu pour moi le souvenir de ce cher frère vaillant, puissant et talentueux combattant du Seigneur, qui nous laisse l'exemple de ce que devrait être un intellectuel chrétien africain.

Le frère Vincent Nangor s'en est allé auprès de notre Seigneur qu'il a su servir avec zèle, amour et foi, car sa place est déjà apprêtée : « Et j'entendis du ciel une voix qui disait : Écris : Heureux dès à présent les morts qui meurent dans le Seigneur ! Oui, dit l'Esprit, afin qu'ils se reposent de leurs travaux, car leurs œuvres les suivent » (Ap 14.13, LSG).

Élie Désiré Ndjom Nack
Magistrat hors hiérarchie, président de section,
Chambre des comptes de la Cour suprême du Cameroun
Ancien membre du comité exécutif des GBUAF
Ancien président du conseil spirituel national du GBEEC
Cameroun

---

[9] *Ibid.*, p. 45.

[10] Ils le sont effectivement devenus, pour un bon nombre d'entre eux, à l'assemblée mondiale de l'IFES de 1995 à Nairobi (Kenya) en terre africaine, pour la première fois dans l'histoire de la grande famille mondiale. L'Afrique a eu le privilège d'accueillir une telle rencontre pour la deuxième fois en 2019 à Bela-Bela (Afrique du Sud).

UN ÉTUDIANT DE LA PAROLE

C'est bien à raison que l'International Fellowship of Evangelical Students (IFES) a publié en avril 2020, *Étudiants de la Parole, Interagir avec les Écritures pour avoir un impact dans le monde*, un ouvrage de John Stott, préfacé par Daniel Bourdanné. En quatrième de couverture, il est écrit : « Ce livre contient ses quatre derniers discours prononcés lors d'un rassemblement de l'IFES, au cours de ce qui fut son dernier voyage hors du Royaume-Uni. Il cherchait à transmettre une méthode pour lire l'Écriture, l'interpréter et s'appuyer sur elle. » Le Dr Nangor était très attaché à la Parole de Dieu. Il n'est pas du tout hasardeux de dire de lui qu'il était un étudiant de la Parole.

Dans la vie, il y a des rencontres heureuses que l'on fait, qui impactent toute l'existence. Après ma conversion au Seigneur Jésus, la faveur providentielle m'a conduit vers des personnes dont l'être et le caractère ont trouvé en moi un écho latent. De là est née une amitié que le temps et les vicissitudes de la vie n'ont fait que renforcer. C'est le cas de ma rencontre avec Vincent Koutouan Nangor, ce médecin efficace et serviable à souhait. Son amitié fidèle, son attachement au Seigneur Jésus ont enrichi ceux qui se sont frottés à lui. C'était un ami fidèle.

Un ami fidèle

Grâce à Natanaël Kouadio (rappelé à la gloire en 2018), un autre ami, je rentrai en contact avec un étudiant qui avait mis un nom plutôt étrange sur la porte de sa chambre universitaire. On pouvait y lire : Vinko Nang. Cela ressemblait à un nom asiatique, chinois. Quel était alors ce Chinois qui se retrouvait au milieu des étudiants ivoiriens admis au campus ? Et que pouvait bien signifier ce nom étrange qui faisait sourire ? C'était bel et bien celui d'un étudiant ivoirien qui, par fantaisie et pour attirer la curiosité de ses camarades de cité ainsi que celle des visiteurs, avait ainsi abrégé son nom Vincent Koutouan Nangor. Et cela ne déplaisait guère à Natanaël Kouadio, le boute-en-train du petit groupe d'amis que nous formions à cette époque.

Un jour, en me parlant d'une dette qui lui était imposée par des frères chrétiens, Vincent disait avoir gardé le secret de cette ponction incongrue sur sa bourse d'étudiant pour ne pas choquer les plus jeunes qu'il était en train de conduire au Seigneur. Le ton aimable et cette décision de ne pas ébruiter cette mésaventure qui, pourtant, pesait lourdement sur sa bourse d'étudiant, avaient eu un sérieux effet sur ma vie : j'avais découvert en lui un vrai enfant de Dieu capable de souffrir pour le Maître (1 Co 6.7). Dès lors, « nos âmes s'attachèrent l'une à l'autre » comme ce fut le cas de David et Jonathan (1 S 18.1). L'humilité qui le caractérisait était à son comble.

Le comble d'humilité

À l'issue de ses études, le jeune médecin s'était fiancé à une jeune fille qui venait d'achever ses études en anglais. Vincent Nangor était originaire d'une région qui regorge de hautes personnalités politiques et de hauts fonctionnaires. Mais, pendant que nous préparions la célébration du mariage, un jour il s'approcha de moi et me dit : « Tu seras mon témoin. » Étonné, je répliquai : « Tu dis quoi ? » Et il insista : « Tu as bien entendu, tu es mon témoin. » Moi, simple contrôleur des postes et services financiers, deux ans d'études après le baccalauréat, Vincent me choisit pour être son témoin de mariage. Lui, un médecin, sept ans d'études après le bac ! Je n'en revenais pas, car je connaissais bien sa région pour y avoir grandi. Je finis par accepter sa proposition. Au fond de moi, je compris que le médecin ne recherchait pas de grands honneurs. Ce trait de caractère témoignait de l'intérêt qu'il attachait aux valeurs spirituelles. J'acquiesçai donc sans plus de commentaires ni de protestations, car je voyais dans son choix celui de l'humilité. Dès lors, notre attachement les uns aux autres[11] devint plus fort et inébranlable, à telle enseigne qu'un frère en vint à nous déclarer que notre amour fraternel atteignait un niveau si élevé qu'il ne pourrait jamais imaginer une séparation quelconque un jour. Malheureusement, la mort a fait cet exploit, celui de nous éloigner les uns des autres. Mais méprise de sa part, car le Maître qui nous a unis nous a donné rendez-vous en sa sainte demeure où nous nous retrouverons pour l'éternité.

---

[11] Il convient d'inclure aussi Natanaël Kouadio qui était secrétaire itinérant des GBUAF chargé de la littérature de 1985 à 1991, puis secrétaire général des GBU de Côte d'Ivoire de 2004 à 2009. Il s'est éteint le 1er octobre 2018.

Au-delà du devoir d'hospitalité

« L'ami aime en tout temps, et dans le malheur il se montre un frère » (Pr 17.17, LSG). Dans la vie de Nangor, cette maxime proverbiale était d'une pratique constante. Il était toujours prêt à partager, quand bien même sa bourse s'avérait insuffisante. Lors de la grave crise politique qui a secoué notre pays, beaucoup de personnes ont fui la capitale économique à l'approche et à l'arrivée des rebelles, pour se réfugier dans les localités environnantes. C'est ainsi que, après plusieurs hésitations, ma famille et moi avons décidé de nous rendre chez lui. Nous étions au nombre de sept personnes. Il nous faut signaler que d'autres fuyards nous avaient déjà devancés sous son toit. Cependant, Nangor a accueilli ce contingent avec joie dans sa maison. Et chose étonnante, il prenait grand plaisir à dépenser pour tous ces pensionnaires sans jamais accepter la moindre contribution de leur part ! Il ne ressentait aucune contrainte à s'occuper de tant de monde. Pour lui, c'était une grâce d'ouvrir les portes de son logis à tous ses frères et sœurs en situation précaire. Oui, l'Évangile est une puissance qui transcende les ethnies et les races. Il transforme les cœurs, faisant d'un Abbey l'ami inconditionnel d'un Baoulé. Cela me rappelle la transformation que l'Évangile opéra une nuit à Philippes. Un geôlier romain qui ne pouvait ni accepter ni suivre la coutume des Juifs, devint en une nuit l'infirmier soignant de deux Juifs et partagea son pain avec eux, alors qu'il venait de les battre de verge jusqu'aux blessures, sur ordre des grands de la ville (Ac 16.21, 32-34).

Nangor, un fan de la Bible

Le trait le plus marquant de Vincent Nangor était sans doute sa rigueur intellectuelle. Ici, il convient de s'attarder sur son attachement au message biblique. Vincent conduisait toujours son interlocuteur à ce que la Bible dit : « Non pas ce qu'on t'a dit sur le texte. » Son insistance sur le sens réel du passage lu, amenait à des découvertes surprenantes qui prenaient à contre-pied les idées reçues. Ainsi, il nous guidait à être des exégètes en miniature. Son aversion pour les faux témoins de l'Évangile était sans équivoque. Un jour, dans un véhicule de transport en commun, nous avions croisé un homme. Cet homme avait entrepris de nous évangéliser, après nous avoir distribué des prospectus. À un moment donné, Nangor l'arrêta et lui fit cette remarque : « Je lis dans votre prospectus : miracles, guérisons, résurrection... Est-ce à dire que pendant votre campagne, si quelqu'un mourrait dans le quartier, vous iriez le ressusciter ? » L'homme jeta un coup d'œil surpris sur son prospectus, et garda le silence jusqu'à notre descente du véhicule.

Un de ces jours encore, pendant que nous échangions sur la vie des apôtres, et particulièrement sur celle de Simon Pierre que je qualifiais de poltron, Vincent me reprit sévèrement, affirmant que Simon Pierre était le plus courageux des compagnons du Seigneur. Il alla chercher un exposé qu'il avait préparé sur Simon Pierre. Nous avions passé des heures à échanger et il avait réussi à me convaincre que Simon Pierre était effectivement le plus courageux des disciples du Seigneur. Il était très admiratif de cet apôtre au point qu'il connaissait pratiquement sa première épître par cœur : il joignait ainsi la pratique à sa conviction. Notre frère avait en projet d'écrire un livre qui reprendrait certains thèmes traités autrefois, mais qui ne rendaient pas avec exactitude ce que la Bible dit. Quelquefois, il y a même des contradictions lorsque l'on se penche sérieusement sur les textes invoqués pour traiter ces sujets. C'est le cas des relations avec la belle famille, surtout entre belle-fille et belle-mère. Nangor a posé cette question : « Où a-t-on conduit Rébecca, épouse d'Isaac, lorsqu'elle est arrivée dans la famille d'Abraham (Gn 24) ? » Il ne faut surtout pas que la culture et les nouvelles données sociales tuent la famille, une institution divine que nous, chrétiens, devons entretenir et consolider.

Serviabilité mal comprise

Une fois, en rentrant dans la ville où il exerçait, Nangor avait été arrêté par un homme. Le véhicule qui emmenait ce dernier dans son village était tombé en panne, alors qu'il s'y rendait d'urgence au chevet de sa mère malade. Il faisait nuit. Pris de compassion, le gentil médecin, non seulement le conduisit à la ville, mais alla aussi le déposer jusque dans son village. Quelques mois plus tard, sa secrétaire lui annonça avec insistance qu'un monsieur voulait le voir. Était-ce un malade ? Non ; c'était plutôt le voyageur qu'il avait déposé un jour dans son village ; il tenait à le voir. Pour lui, cet homme venait en bon Africain le remercier pour service rendu. À son grand étonnement, l'homme le salua et lui demanda encore ce jour-là de le déposer à nouveau dans son village ! Quel culot ! Après l'avoir regardé de haut en bas, il lui ordonna de sortir dare-dare de son bureau.

Au début de sa carrière professionnelle, Nangor travaillait dur et restait tard au service dans sa volonté de recevoir tous ses patients et faire de bons diagnostics. Or, tant qu'il ne descendait pas, sa secrétaire l'attendait. Il se disait qu'il fallait rendre service à cette bonne dame qui se soumettait à son programme de travail. Il résolut donc de l'aider à rentrer chez elle en allant la déposer chez elle. Suite à cette action qui, pour lui, s'imposait à lui en tant que chrétien, le bruit commença à courir dans la ville que le médecin faisait de sa secrétaire sa maîtresse… Sapristi ! Quand le bruit lui parvint, il mit aussitôt fin à ce service mal perçu par une population prête à répandre des informations fantaisistes et sans fondements. Il tenait ainsi à soigner son image de témoin de Christ.

Nangor, un médecin témoin de Christ

En quelques années de service, le jeune médecin acquit une grande réputation d'efficacité dans la ville où il exerçait. Sa renommée parcourait la ville et les villages environnants. Deux points essentiels avaient marqué sa riche carrière : l'accueil et l'assistance. Le Dr Nangor recevait ses malades avec beaucoup de patience et d'amabilité. Cela ne manqua pas de drainer beaucoup de malades vers l'hôpital. Certains patients étaient même devenus des amis personnels. Il en profita, avec quelques frères et sœurs, pour implanter une solide section des Amis des GBU dans la ville de Dabou où il exerçait. Cette ville était devenue pour un temps le lieu de rencontres et de retraites trimestrielles de ces « post-Gbussiens ».

La vie professionnelle de ce médecin était en outre marquée par des enfants prénommés Vincent ou Nangor intégré dans le patronyme. C'était une façon de remercier ce médecin et lui rendre hommage, lui qui refusait de pratiquer l'avortement. Ses conseils et le suivi médical avaient permis à plusieurs couples de garder les grossesses, alors qu'ils avaient décidé de les éliminer pour diverses raisons, notamment des problèmes économiques. Des couples le pressaient de les débarrasser des grossesses non voulues. Or, il avait connu dans son parcours estudiantin un de ses maîtres qui refusait de prescrire même un contraceptif. Il avait été fortement impacté par ce professeur. Il avait alors pris la résolution de ne point pratiquer d'avortement dans l'exercice de ses fonctions et dans ses pratiques médicales. Des parents pouvaient en témoigner avec reconnaissance dans la ville et les entreprises agricoles d'alentour. Car, il couvrait aussi certaines entités économiques en tant que médecin d'entreprise. Il traduisait dans les faits les valeurs et l'esprit GBU.

Un esprit GBU

S'il y a un organisme inter-ecclésiastique qui a pris une grande place dans la vie de Nangor, c'est bien les Groupes bibliques universitaires d'Afrique francophone (GBUAF). Ce n'était pas ses fonctions qui retenaient son attention, mais la pratique des études bibliques dans les cités universitaires, l'impact potentiel de ce mouvement inter-ecclésiastique sur l'élite africaine, appelée à assumer diverses responsabilités, des cadres supérieurs à même de prendre des décisions d'orientation pour une Afrique nouvelle. Il estimait qu'une telle élite changerait la vie des Africains.

Cet amour pour les GBUAF a été renforcé par une conférence prononcée par le Dr David Schank sur le thème : « L'intellectuel africain dans le dessein de Dieu. » Le développement de cette thématique par l'orateur a fait, sur tous les auditeurs, l'effet d'une forte révélation sur ce qu'est un intellectuel, ce que représente l'Afrique dans laquelle on peut insérer plusieurs grands pays ou sous-continents estimés par ignorance, plus vastes, plus étendus. Ainsi, des pays que des cartes géographiques présentaient plus étendus ont été vus dans leurs dimensions réelles. L'intellectuel africain, le « post-Gbussien » est appelé à y jouer un rôle éminemment important, en tant que cadre chrétien bardé certes de diplômes, mais surtout porteur du message divin du salut. L'intellectuel africain se voit dans un rôle de vecteur de la Bonne Nouvelle au sein de sa nation, de son entreprise, voire au plan politique. Ce faisant, il devient un citoyen pas comme les autres : un messager de Dieu par sa conduite des affaires et un acteur majeur dans la transmission de l'Évangile à ses collègues et collaborateurs. L'intellectuel africain est ouvrier avec Dieu dans sa sphère de vie et d'activité. Cette conférence du Dr David Schank a servi de détonateur dans l'engagement chrétien des Amis. On vivait les meilleurs moments de la vie du mouvement en tant qu'Amis. En tout cas, en Côte-d'Ivoire. C'est alors qu'une nouvelle orientation de l'IFES intervint.

Réorientation inopportune de l'IFES

Sur ces entrefaites, intervient une réorientation du mouvement international, à savoir que tous les mouvements nationaux s'affilient directement à l'IFES ! Le mouvement ivoirien bat de l'aile : les rencontres deviennent rares et se font sporadiques. Dans l'esprit de Nangor, il faut créer un mouvement analogue, purement africain, pour que le message de l'Évangile soit bien véhiculé parmi les cadres et hauts fonctionnaires, à travers des rencontres périodiques avec des thèmes adéquats qui traitent de l'expérience quotidienne des travailleurs ayant connu le mouvement d'alors dans les campus. Les méthodes d'études et des exposés bibliques constituent aux yeux de Nangor des moyens efficaces d'évangélisation et de fixation du divin message.

Ce fut avec une joie immense que Nangor accueillit le projet Jéribeth[12]. Il y voyait un projet majeur approprié pour l'avenir de l'Évangile au plan mondial. Aussi s'y était-il engagé avec beaucoup de détermination. Sa ferme contribution était de trouver un terrain et des fonds. Quel bonheur incommensurable pour lui que ce projet se réalise à Agboville, et surtout à Erymakouguié, son village natal. Hélas, il n'en verra point la réalisation effective, le Seigneur ayant décidé autrement. Le tribun des rencontres triennales des GBUAF, de Douala à Bamako en passant par Ouagadougou et Cotonou, celui qu'étudiants, « post-Gbussiens », journalistes et hommes politiques écoutaient avec plaisir et étonnement, ne verra pas la réalisation de ce grand projet. Le 6 décembre 2022, le Seigneur l'a rappelé.

Dans les dernières années de sa vie, le frère Nangor s'était engagé à progresser dans la piété. Ainsi, lors de l'une de nos retrouvailles fraternelles, je constatai que son portable sonnait à certains intervalles de temps. Il m'expliqua sur mon insistance qu'il venait de passer des minutes à contempler et adorer le Seigneur en s'appuyant sur les attributs divins. Le tout ponctué de cantiques et de chants d'adoration. En tout cas, le frère était entré dans une autre dimension spirituelle volontaire et enthousiaste.

Dans les griffes de la maladie, Nangor était resté attaché au Maître de façon ferme. Une douleur d'une rare atrocité le tenaillait de jour en jour, sans discontinuer. Il m'appela un de ces jours et m'avertit à peu près en ces termes :

> Je sais que mes confrères médecins n'osent pas me dire la vérité sur mon état. La douleur intense et ininterrompue que m'inflige la maladie m'indique que les experts médicaux n'ont pas de solution. Je ne peux compter que sur la grâce du Seigneur. [Et il ajouta avec une énorme déception :] J'ai soulagé tant de personnes souffrantes, et à mon tour, point de solution.

---

[12] « Le projet Jéribeth est le projet de construction des locaux du Centre africain du christianisme contemporain (CACC) », https://gbuaf.org/jeribeth/.

Dès lors, il ne se faisait plus d'illusion sur la capacité des médecins à le sortir de cet état. Aux familiers et autres visiteurs, il sollicitait invariablement leur intercession en sa faveur auprès du vrai Expert de la santé, en la personne du Seigneur Jésus.

Nangor avait subi une souffrance vraiment atroce des mois durant. Je n'ai jamais vu une personne souffrir autant et sans discontinuer. Malgré cela, il n'avait pas perdu le nord : ses regards ne s'étaient point détournés de son Maître. Sa foi au Seigneur était restée intacte. La forte douleur ne l'avait point déstabilisé ; il s'en remettait toujours au Seigneur. Ce fut ainsi qu'il s'endormit.

Il s'était endormi dans l'atmosphère de ces couplets 1 et 4 du cantique « Mon cœur joyeux » de César Malan, dans le recueil de chants *Sur les Ailes de la Foi* n° 336, maintes fois entonné sur son lit de malade, soit à la maison, soit dans sa chambre d'hospitalisation :

Premier couplet
Mon cœur joyeux, plein d'espérance,
S'élève à toi, mon Rédempteur !
Daigne écouter avec clémence
Un pauvre humain faible et pécheur.
En toi seul est ma confiance,
En toi seul est tout mon bonheur.

Quatrième couplet
Je vois ainsi venir le terme
De mon voyage en ces bas lieux,
Et j'ai l'attente vive et ferme
Du saint héritage des cieux :
Sur moi si la tombe se ferme,
J'en sortirai victorieux.

Vincent Yao Atoungbré
Cadre de banque à la retraite
Côte d'Ivoire

UN CALAO DES GBUAF

Le calao est un oiseau magnifique qu'on trouve ici et là dans le monde. Il impressionne à plus d'un titre dans sa manière d'être et de faire. Comme le perroquet, il a la réputation d'être proche des humains. Le Larousse en fait la description suivante : « C'est un oiseau de grande taille, jaune et noir avec quelques taches blanches sur le cou, les ailes et la queue. Son bec, énorme et puissant, est surmonté d'un étrange casque osseux[13]. » Le Larousse poursuit, comme pour marquer la particularité des calaos :

> En Afrique ou en Asie, il est plus facile d'entendre les calaos que de voir leur bec disproportionné surmonté d'un étrange casque osseux. Leurs cris rauques et puissants accompagnent le bruit de leurs ailes lorsqu'ils volent dans la savane ou dans les grands arbres de la forêt tropicale[14].

Nangor était un calao des Groupes bibliques universitaires d'Afrique francophone (GBUAF). C'était sa famille, sa maison, sa paroisse. Il s'y était pleinement investi. Il y avait mis à contribution son économie, son énergie, ses talents, son temps, sa vie. C'était un grand homme : direct, franc, simple. Il était aimable, serviable. Il restait effacé, bien que les cadres de rencontre lui offraient l'occasion de se montrer.

Les cadres de rencontre

Nous nous étions rencontrés pour la première fois au 9e congrès triennal des GBUAF, à Douala (Cameroun) en 1992, avec pour thème : « Élargis l'espace de ta tente » (Es 54.2a, Colombe). Le texte intégral de l'exposé biblique fait par le pasteur Jules Kangué Simo (Cameroun) dit : « Élargis l'espace de ta tente ; qu'on déploie les toiles de tes demeures : ne les ménage pas ! Allonge tes cordages, et affermis tes piquets ! Car tu te répandras à droite et à gauche ; ta descendance prendra possession des nations et peuplera des villes désolées » (Es 54.2-3, Colombe).

---

[13] Encyclopédie du Larousse, « Calao », https://www.larousse.fr/encyclopedie/vie-sauvage/calao/184552, consulté le 20 avril 2023.

[14] *Ibid.*

La conférence était animée par le professeur Tite Tiénou (Burkina Faso/USA) qui l'avait basée sur les réflexions proposées par l'écrivain camerounais Achille M'Bembé, dans son livre, *Afriques indociles* (Karthala, 1988). Cela avait choqué plus d'un congressiste camerounais.

Nangor devint président du comité exécutif des GBUAF à ce moment-là. Voici ce qu'il en avait dit dans son discours de clôture :

> Nous avons été émerveillés par le très haut niveau de vos interventions. L'originalité de certaines de vos approches n'a pas manqué de nous choquer momentanément. Mais ce genre de choc à dessein ayant pour but de susciter réflexion et remise en cause de ce qu'on croyait savoir, sachez que vous avez pleinement atteint votre objectif. Soyez donc remerciés pour cette stratégie efficace de délivrance. L'authenticité de votre érudition demeure pour nous une forte motivation à la réflexion théologique et pour le christianisme africain un puissant facteur de maturation[15].

S'adressant par la même occasion à l'équipe de restauration, il n'avait pas manqué de faire mention du *n'dolé* camerounais :

> Sachez que le partage de votre remarquable bonne humeur nous a puissamment aidés à déglutir sans trop de peine le fameux *n'dolé* national dont l'amertume, difficilement contestable, rappelle les herbes amères des Israélites dont la consommation préludait à leur sortie d'Égypte vers une terre où coulaient le lait et le miel[16].

Au 10e congrès triennal tenu à Ouagadougou (Burkina Faso) en 1996, il avait pris activement part à l'atelier que j'avais eu le privilège d'animer. Le thème était : « La comptabilité arithmétique. » À l'évaluation, il avait moins de cinq sur 20. Il s'en était plaint avec humour dans un air sérieux. On en avait ri. Il en fit d'ailleurs allusion par anticipation, dans son allocution d'ouverture, quand il parlait des débats conséquents à mener autour du thème central et en ateliers :

> Ces débats que nous souhaitons fructueux seront renforcés par des ateliers sur des thèmes pratiques comme l'initiative privée, la conception d'un projet, la comptabilité, le secrétariat, la gestion des conflits intercommunautaires, etc. Il s'agit

---

[15] Vincent Koutouan Nangor, « Le point de départ d'un leadership panafricain », Assise du 9e congrès triennal de Douala, Cameroun, 1992.
[16] *Ibid.*

évidemment des sujets susceptibles de nous aider à conjurer à terme l'afro-pessimisme que nous prophétise l'Occident[17].

Comme le calao, Nangor aimait les rassemblements, la vie de groupe, le vivre-ensemble, le partage d'information. Voici la description que le Larousse en fait :

> En groupe, le calao, dont l'espèce « à casque rond » a été baptisée à juste titre *Rhinoplax vigil*, repère plus facilement le danger et les éventuels prédateurs. En cas d'attaque, il s'en défend aussi avec beaucoup plus d'efficacité. C'est pourquoi les familles se rassemblent volontiers pour passer la nuit, par exemple.
>
> Cet instinct grégaire est d'autant plus bénéfique que l'information circule de manière apparemment très efficace à l'intérieur d'un groupe. Les éco-éthologistes n'en sont encore qu'aux recherches et aux hypothèses quant à ce « langage » et à ces moyens de communication[18].

Nangor savait véhiculer l'information à l'intérieur d'un groupe. Ses discours étaient des moyens efficaces de communication. En voici un extrait à l'inauguration de cette grande messe de 1996 :

> Aussi, en cette année du dixième congrès triennal, sommes-nous partis : de la boucle du Niger, du Fouta-Djalon, du golfe de Guinée, des rives de l'Oubangui-Chari, des rives de la Sanaga, des rives du Congo-zaïre, des rives du Lac Tchad, des rives du Lac Tanganyika, de l'Océan indien, du bord de la méditerranée et j'en oublie. Pour nous retrouver comme un seul homme dans le Dagomba, territoire fort chargé de symboles[19].

Il exalta ce qui avait particulièrement retenu son attention à Ouagadougou, qu'il qualifia de « charmante ville », l'étalon de Yennega et le symbole chargé de « signification historique » et « de valeur normative de mesure » :

> Séjournant dans votre charmante ville, j'ai particulièrement retenu le symbole de l'étalon qui rappelle la séduisante histoire de la très célèbre princesse Yennega qui enfourchait son non

---

[17] Vincent Koutouan Nangor, *Applique-toi à la lecture. L'intellectuel africain dans le dessein de Dieu*, Abidjan, Les Presses de la FATEAC, 2023, p. 50.

[18] Encyclopédie du Larousse, « Calao », https://www.larousse.fr/encyclopedie/vie-sauvage/calao/184552, consulté le 20 avril 2023.

[19] Nangor, *Applique-toi à la lecture. L'intellectuel africain dans le dessein de Dieu*, pp. 46-47.

moins célèbre étalon à travers le royaume de Dagomba, en compagnie du chasseur Ryalé tombé sous son charme. Mais au-delà de la signification historique, je perçois aussi le symbole de l'étalon dans son double sens de cheval mâle et de valeur normative de mesure. En effet, dans le quotidien burkinabè, la vigueur de l'étalon est objectivée avec éloquence par la ténacité au travail des ressortissants de ce pays, doublée d'une persévérance réfractaire au découragement. Car si la science affirme que la nature a horreur du vide, il est tout aussi établi de façon incontestable chez nous en Côte d'Ivoire, que le paysan burkinabè a bel et bien horreur de la parcelle de terre non mise en valeur. Quant à l'étalon au sens de valeur normative de mesure, il sous-entend une société caractérisée par la rigueur et l'intégrité[20].

Les GBUAF venaient de passer de la structure exécutive à la structure consultative au 12ᵉ et dernier congrès triennal à Bamako (Mali) en 2002. Nangor n'avait jamais apprécié ce changement de cap, malgré et contre tout. Sa position avait apparemment quelque chose de commun à celle des calaos, le besoin d'intégrité, d'indépendance :

Selon les espèces, l'importance d'une bande varie d'une dizaine à plusieurs centaines de calaos. Toutefois, une observation attentive montre qu'à l'intérieur d'une bande, qu'elle soit en vol ou à terre, chaque famille garde continuellement son intégrité, voire son indépendance. Mais il n'est pas rare de voir une famille quitter un groupe pour en rejoindre un autre[21].

À la faveur du côté non moins révolutionnaire de Nangor, il voyait mal les GBUAF sans un organe de décision en interne. Ce passage de la structure exécutive à la structure consultative lui faisait certainement penser à l'école coloniale à laquelle il faisait allusion dans son discours inaugural :

Cette institution censée œuvrer pour l'émancipation de l'homme noir n'a pas toujours confessé la quintessence de ses profondes aspirations.

Je voudrais pour vous en convaincre, nous inviter à une excursion dans notre mémoire d'enfance à la découverte du célèbre manuel scolaire intitulé *Mamadou et Binéta sont devenus*

---

[20] *Ibid.*, p. 47.

[21] Encyclopédie du Larousse, « Calao », https://www.larousse.fr/encyclopedie/vie-sauvage/calao/184552, consulté le 20 avril 2023.

grands : Livre de français à l'usage des cours moyens et supérieurs des écoles de l'Afrique noire. Cet ouvrage contient un texte intitulé *Enfant que vas-tu faire à l'école ?* En guise de réponse à cette interrogation, la fin du texte, destinée à être mémorisée et récitée par cœur par les écoliers noirs est ainsi libellée : « École de mon pays je t'apporte mon âme. De cette jeune âme plus débile encore que le corps qui l'enveloppe, fais une âme française, fais une âme humaine. »

Le devoir d'honnêteté intellectuelle m'oblige à relever que, par une note en bas de page, l'auteur du texte, un certain Léon Deries indique que le mot débile signifie tout simplement faible[22].

Et comme pour dire au revoir à la structure exécutive et à nous autres compagnons d'œuvre, Nangor avait écharpé tous les secrétaires généraux et itinérants qui y étaient présents. J'en étais personnellement très touché. Mon écharpe portait l'inscription : « Christ est ma vie. » Entre-temps, « l'eau a coulé sous les ponts ». Et il n'avait plus jamais revu le pasteur Djédouboum Békoutou Jaïrus, pour qui il avait beaucoup de respect. Alors secrétaire général de l'Union des jeunes chrétiens (UJC) du Tchad, Jaïrus s'en était allé pour l'éternité, en juillet 2006. Selon Nangor, la vie aux GBUAF était le prolongement de la vie de famille.

La vie de famille

Nangor était tout à fait conscient de son appartenance à « ce Père à qui toutes les familles du ciel et de la terre doivent leur existence et leur nature » (Ep 3.15, Parole Vivante). De même, il savait pertinemment que : « Si quelqu'un ne prend pas soin des membres de sa parenté et surtout des membres de sa propre famille, il a rejeté la foi et il est pire qu'un incroyant » (1 Tm 5.8, BFC). Mari d'une seule femme, il aimait la vie de famille et la prenait au sérieux, comme un calao. Voici de quelle manière le Larousse en donne une idée :

Une fois le couple formé, il l'est définitivement. Les calaos sont monogames et les liens entre les partenaires semblent solides, chacun ayant un rôle déterminé dans l'élevage des jeunes. La femelle pond dans une cavité où elle s'emmure pour couver

---

[22] Nangor, *Applique-toi à la lecture. L'intellectuel africain dans le dessein de Dieu*, p. 31-32.

> ses œufs, ne laissant qu'une fente étroite vers l'extérieur, par
> où le mâle peut passer son bec et la nourrir[23].

Nangor était fermement et fortement attaché à la famille, comme un calao : « En forêt comme dans la savane, le calao vit d'abord en famille : le père, la mère et les petits. Le plus souvent, cet oiseau grégaire se rencontre en bandes, particulièrement dans les forêts. Selon les espèces, l'importance d'une bande varie d'une dizaine à plusieurs centaines de calaos[24]. »

D'ailleurs, son épouse et leurs enfants lui en ont rendu un hommage appuyé, *in memoriam*[25]. Vu sous cet angle, on peut se permettre d'attester qu'il était un homme heureux, un homme qui craignait Dieu et marchait dans ses voies, un homme qui jouissait du travail de ses mains de médecin. Ainsi peuvent s'appliquer à lui ces paroles du psalmiste :

> Des enfants, voilà les vrais biens de famille, la récompense que donne le Seigneur ! Les fils qu'un homme a dans sa jeunesse sont comme des flèches dans la main d'un guerrier. Heureux l'homme qui peut en remplir son carquois ! Il ne risque pas d'être humilié quand il plaide contre ses adversaires à la porte de la ville. (Ps 127.3-5, BFC)

> *Cantique des montées.* Heureux quiconque craint l'Éternel et marche dans ses voies ! Tu jouis alors du travail de tes mains, tu es heureux, tu prospères. Ta femme est comme une vigne féconde dans l'intérieur de ta maison ; tes fils sont comme des plants d'olivier, autour de ta table. C'est ainsi qu'est béni l'homme qui craint l'Éternel. (Ps 128.1-4, Colombe)

Les visites en famille

J'étais une fois en visite en famille, chez Nangor. Il me semble que ce n'était pas à Dabou. Il m'avait appelé à la manière du grand frère Pascal J. Ratovona : « Kam-nadj. » « Voilà moi ! », avais-je répondu. Alors, un enfant de la maison lui faisait remarquer : « Papa, tonton-là ne parle pas bien français. On ne dit pas : Voilà moi ! On dit : Me voici ! »

---

[23] Encyclopédie du Larousse, « Calao », https ://www.larousse.fr/encyclopedie/vie-sauvage/calao/184552, consulté le 20 avril 2023.

[24] *Ibid.*

[25] Nangor, *Applique-toi à la lecture. L'intellectuel africain dans le dessein de Dieu*, pp. XI-XIII.

Et lui de ramener gentiment l'enfant à la raison : «Tonton-là connait mieux le français que toi. Il fait exprès seulement. »

Nous avons passé de très bons moments de partage et de communion. La table dressée devant nous était bien garnie, à l'heure du repas. Nous avons mangé à notre faim et bu à notre soif.

Plus tard, j'avais courtement séjourné chez lui à Dabou. J'y avais passé une nuit. Au lendemain, je lui avais consacré toute la journée. C'était pour l'aider à s'atteler à ses travaux de doctorat en leadership transformationnel (DLT), sachant que son problème était le manque de temps et de familiarité avec l'outil informatique. Son épouse était à son lieu de service, dans une autre localité, à ce moment-là.

Nangor avait une bibliothèque impressionnante et remarquable. C'était de la littérature tous azimuts. La littérature chrétienne n'en était pas moins de la partie. Nangor aimait la culture générale, la culture tout court. Voici ce que Issiaka Coulibaly écrit à son sujet, à titre posthume :

> Le lecteur attentif remarquera dès ses premières lignes que le livre du Dr Nangor Vincent est l'œuvre d'un homme de culture et de très grande érudition. Sa vie durant, il a pris au pied de la lettre et s'est appliqué la recommandation de l'apôtre Paul à son filleul Timothée (1 Tm 4.13, Colombe : « Applique-toi à la lecture »). Dr Nangor Vincent a effectivement tout lu, des classiques africains et antillais aux auteurs du monde [...]. C'est ainsi que dans ce petit livre, le lecteur entendra successivement la voix d'Aimé Césaire, Léopold Sédar Senghor, Bernard B. Dadié, Sembène Ousmane, Seydou Badian Kouyaté, Mongo Béti, Frantz Fanon, Ferdinand Oyono, Achille M'Bembé, Paul M'Ba Abessolo, Francis Anani Joppa, Jean Malonga, Jean Marie Adiafi, et j'en passe. À côté de ces auteurs africains et antillais, Dr Nangor a également lu les auteurs européens et américains. Ce faisant, il a démontré que sa culture était totalement ouverte sur le monde et que sa quête était celle de toutes les interactions humaines et sociétales. Cependant, sa lecture favorite sera celle de la Bible, Parole de Dieu. C'est d'elle qu'il part vers les autres. Et c'est à elle qu'il revient après avoir dialogué avec les autres[26].

---

[26] Issiaka Coulibaly, « Préface », dans Nangor, *Applique-toi à la lecture. L'intellectuel africain dans le dessein de Dieu*, p. XIX.

La formation à la FATEAC

Nangor était ouvert à la formation biblique et théologique. Il s'était inscrit dans les années 1995 à la Faculté de théologie évangélique de l'alliance chrétienne (FATEAC), comme étudiant à temps partiel. C'était au moment où ses jeunes frères Serge Oulaï et Mathieu Guéi s'y trouvaient pour des études théologiques. Contrairement à ces derniers, il avait jeté l'éponge, non qu'il ne le pouvait pas, mais parce qu'il n'en avait pas suffisamment le temps. Le rythme des travaux ne lui convenait pas, surtout qu'il avait toute la charge de sa clinique Sarepta, sans oublier la famille et les GBUAF.

On s'était retrouvé en 2017 à la FATEAC devenue Université de l'alliance chrétienne d'Abidjan (UACA), pour des études doctorales en leadership transformationnel. Nous étions de la cohorte VII : plus de trente doctorants dont sept femmes. La première session présentielle s'était déroulée pendant une semaine, du 29 avril au 5 mai dans les locaux de l'UACA. Nangor était mon binôme quand nos encadreurs nous lavaient les pieds comme modèles d'humilité et de service à imiter. Nous avions pleuré ensemble, nous avions prié ensemble.

Le repas offert par l'institution paraissait relativement cher à nous autres doctorants, appuyés par Nangor. Nous étions comme une bande de révolutionnaires. Ce n'était pas moins un réflexe transformationnel. Le leadership transformationnel, ce n'est pas subir une situation, mais la transformer en opportunités d'actions. Nous nous étions très vite accordés et avions choisi un restaurant local, au-dehors. C'était là que nous nous restaurions. C'était bien. On mangeait les plats africains à l'africaine : à la main. On causait comme au village, une semaine durant. C'étaient de très bons moments de communion, de partage.

Nangor n'était jamais allé au-delà de cette première session, malgré sa bonne volonté. Il n'avait pas pu faire ses travaux pour les soumettre à l'évaluation, faute de temps et de familiarité avec l'outil informatique. Il avait même émis le vœu de reprendre la première session, mais on lui avait fait comprendre que ce serait déplacer le problème au lieu de le résoudre. Il vaudrait mieux faire les devoirs et les soumettre pour appréciation. Quelque chose lui aurait échappé à ce niveau, car la Bible dit :

> Si l'un de vous veut construire une tour, il s'assied d'abord et
> calcule combien cela coûtera, afin de voir s'il a assez d'argent

pour achever le travail. Autrement, s'il pose les fondations et ne peut pas ensuite achever la tour, tous ceux qui verront cela se mettront à se moquer de lui en disant : « Cet homme a commencé de construire mais a été incapable d'achever le travail ! » De même, si un roi veut partir en guerre contre un autre roi, il s'assied d'abord pour examiner s'il peut, avec dix mille hommes, affronter son adversaire qui marche contre lui avec vingt mille hommes. S'il ne le peut pas, il envoie des messagers à l'autre roi, pendant qu'il est encore loin, pour lui demander ses conditions de paix. (Lc 14.28-32, BFC)

Nangor n'était pas homme à se soustraire aux grands rendez-vous des GBU, sauf en cas de force majeure. Il était donc là, à la grande messe de Lomé 2013.

La grande messe de Lomé 2013

Nangor était présent au quatrième et dernier séminaire régional[27] de formation de formateurs à l'étude biblique, que j'avais organisé[28] à Lomé (Togo), du 28 juillet au 2 août 2013. Le thème : « Lire distinctement dans le livre, en donner le sens et faire comprendre » (Né 8.8). Nous avions eu droit à quatre orateurs et non des moindres : Sabine Kalthoff (Allemagne) assistée de Dieudonné Tindano (Burkina Faso) pour l'interaction avec les Écritures, Abel Ndjerareou (Tchad/USA) pour la théorie et la pratique de l'exposé biblique, Emmanuel Tchumtchoua (Cameroun) pour la théorie et la pratique de la conférence. On était bien servi. Nangor n'avait pas tari d'éloges à mon endroit. C'était sa manière à lui de m'encourager, de me féliciter, de me réconforter.

Les lampions du séminaire éteints, sans grande transition, nous étions passés à la 3ᵉ conférence panafricaine[29], du 3 au 10 août 2013. Le thème central : « Saisir et servir les desseins de Dieu dans un continent en mouvement » était développé par le Dr Nangor, sous forme de conférence. L'exposé biblique sur le livre de Jonas était assuré par le professeur Ndjerareou. Et comme il fallait ajouter à tout cela des séances d'atelier et d'étude biblique, on ne s'était pas du tout ennuyé.

---

[27] Après Niamey (Niger) en 2003, Cotonou (Bénin) en 2006 et Douala (Cameroun) en 2010.

[28] J'étais alors secrétaire itinérant des GBUAF au département d'étude biblique.

[29] Après Kigali (Rwanda) en 2007 et Yaoundé (Cameroun) en 2010.

Nangor, le conférencier, avait structuré sa communication en cinq parties :

- Comment discerner le dessein de Dieu ?
- Comment saisir les desseins de Dieu ?
- Comment servir les desseins de Dieu ?
- La disposition du cœur, facteur déterminant pour saisir et servir les desseins de Dieu.
- Saisir et servir les desseins de Dieu dans le contexte africain.

En voici un extrait[30] :

> La formulation de ce thème [qui nous rassemble dans ce beau pays] suggère heureusement une note d'espérance. Car évoquer l'existence de desseins de Dieu dans notre Afrique effectivement en proie à des mouvements convulsifs de tous genres, revient à affirmer de façon implicite :
>
> - Que Dieu n'a pas oublié, encore moins abandonné notre continent ;
> - Qu'il continue d'accompagner nos douleurs de sa bienfaisante présence ;
> - Et qu'il est prêt à communiquer avec ceux qui prêtent attention à ses signaux en vue d'un meilleur devenir de l'Afrique.
> - En effet, tant qu'il comptera des chrétiens authentiques, aussi minoritaires soient-ils en Afrique, Jésus de Nazareth, conformément à sa divine promesse sera présent chez nous jusqu'à la fin du monde (Mt 18.20 ; 28.20).
>
> À nous donc de savoir exploiter cette proximité et nous approprier ses desseins en faveur de notre continent.

Il n'arrivait pas à prononcer convenablement le nom de la grande île : Madagascar. Peut-être faisait-il de l'humour dans un air sérieux ! Il aurait été aussi brillant et éloquent que d'habitude, comme discoureur, à la cérémonie d'ouverture ou de clôture. Il tiendrait en haleine l'auditoire, comme il le faisait auparavant. Cependant, sur le lit de l'hôpital, il savait qu'il avait tout intérêt à écouter qu'à discourir. J'en étais convaincu pendant la visite à l'hôpital.

---

[30] Nangor, *Applique-toi à la lecture. L'intellectuel africain dans le dessein de Dieu*, p. 52.

La visite à l'hôpital

En juillet 2022, alors que je séjournais à Abidjan pour donner des cours au Centre africain du christianisme contemporain (CACC) des GBUAF, nous étions partis lui rendre visite dans un hôpital de la place, le Dr Ahoga, le Dr Klaingar et moi. Son épouse était là, à son chevet, quelque peu effacée, mais attentive, veillant.

« Homme de la nature et du village[31] » comme le disait son épouse, Nangor voyait en train de s'éteindre son rêve de vivre « âgé et rassasié de jours », avec son épouse de tous les jours dans leur jardin, au village, dans la nature.

Il l'exprimait comme dans une complainte, l'amertume dans l'âme, des larmes aux yeux. Il semblait baisser les bras, perdre espoir. Or, l'espérance de la résurrection en Jésus-Christ voudrait qu'il ait plutôt ces mots en partage :

> Mais je sais que mon rédempteur est vivant, et qu'il se lèvera le dernier sur la terre, après que ma peau aura été détruite ; moi-même en personne, je contemplerai Dieu. C'est lui que moi je contemplerai, que mes yeux verront, et non quelqu'un d'autre ; mon cœur languit au dedans de moi. (Jb 19.25-27, Colombe)

Nous l'avions encouragé à garder les yeux sur Jésus, à tenir bon, jusqu'au bout. Nous avions prié pour lui. C'était la dernière fois. Le 6 décembre 2022, il nous a devancés auprès du Père, dans l'éternité. Il est écrit : « Pour nous, notre cité est dans les cieux ; de là nous attendons comme Sauveur le Seigneur Jésus-Christ, qui transformera notre corps humilié, en le rendant semblable à son corps glorieux par le pouvoir efficace qu'il a de s'assujettir toutes choses » (Ph 3.20-21, Colombe).

Les mots sont insuffisants et les colonnes sélectives, pour dire toute l'histoire de l'homme qui était un calao des GBUAF. Isabelle, tombée en amour de l'Afrique suite à son expatriation pendant quatre ans en Côte d'Ivoire, désormais installée à Marseille, partage sur son blog sa découverte :

> Le calao est un des symboles de la mythologie africaine en Afrique de l'Ouest. Il est en effet l'oiseau primordial et protecteur des Sénoufos, une ethnie du nord de la Côte d'Ivoire (présente aussi au Burkina-Faso et au Mali). Dans les mythes

---

[31] *Ibid.*, p. XII.

Sénoufos, le calao est l'un des cinq premiers animaux apparus sur terre avec le caméléon, la tortue, le serpent et le crocodile. Il transporte les âmes des morts dans l'autre monde et sert généralement dans les rites initiatiques du Poro[32].

L'âme de Nangor n'a été transportée d'aucune manière par un calao quelconque dans l'autre monde. C'est Dieu qui l'a promue à la gloire céleste, au repos éternel. La Bible déclare : « [...] Ceux qui meurent en communion avec le Seigneur, jouissent dès maintenant d'un bonheur impérissable. Oui, confirme l'Esprit, heureux sont-ils, car ils se reposent de leurs peines, mais leurs œuvres les accompagnent » (Ap 14.13 ; Parole Vivante). Nangor va beaucoup nous manquer aux GBUAF, au projet Jéribeth. Que l'Éternel Dieu, « le père des orphelins, le défenseur des veuves » (Ps 68.6, Colombe), se souvienne de son épouse et de leurs enfants !

Barka Kamnadj
Consultant en étude biblique
Coordonnateur du Ministère de Littérature Chrétienne
Secrétaire itinérant des GBUAF de 1993 à 2013
Tchad

---

[32] https://levoyageducalao.com/qui-est-ce-calao-qui-voyage/ Consulté le 20 avril 2023.

Il AIMAIT SECOUER LE COCOTIER

La vérité est que je n'ai pas eu le bonheur de rencontrer Vincent Nangor pendant mon premier cycle universitaire (1981-1984) lors de mon premier contact avec les Groupes bibliques universitaires d'Abidjan (GBUA). Je sais qu'il a été très actif en tant qu'étudiant et s'est marié à une « Gbussienne ». Il était un précurseur de « l'autosuffisance nuptiale ».

En 1982, il avait soutenu sa thèse de doctorat en médecine et était parti servir dans les hôpitaux à l'intérieur de la Côte d'Ivoire. Il m'expliqua plus tard comment son directeur de thèse avait apprécié son travail, car il avait fait une bonne revue de littérature et avait exploité convenablement tous les travaux utilisés dans sa thèse. Je fus déjà marqué très tôt par son sens aigu de la méthodologie de recherche. Tout était parti d'une rencontre qui fit date.

Une rencontre pour commencer

Notre première rencontre fut possible à Dabou en 1984, ville dans laquelle je venais d'être affecté comme jeune professeur d'histoire-géographie. À cette époque, son nom ne se terminait pas par un R. Je ne sais pour quelle raison mais son nom Nango m'avait fait croire qu'il était un Anango[33]. Son épouse pensait également que j'étais un Tchadien, certainement à cause de ma taille et celle de mes compagnons du GBU, Allah-Asra Nguéband et Daniel Bourdanné qui étaient des géants.

Avec les familles Nangor, Boni, Titiro, Diali… nous avons constitué une cellule locale importante des Amis des GBU/LLB et les épouses avaient créé la cellule des « femmes dynamiques ». Je venais une fois par semaine à Abidjan en sa compagnie pour suivre les cours de théologie (Courthel) qu'organisait le SG des GBUAF, le pasteur Solomon Andria, diplômé de la Faculté libre de théologie évangélique

---

[33] Terme utilisé en Côte d'Ivoire pour désigner les Yorouba, un peuple du Nigeria.

de Vaux-sur-Seine (France). Après la médecine, la théologie était la discipline préférée du Dr Nangor.

Il n'avait jamais voulu que l'un de ses enfants pratique la médecine. Nous avions essayé en vain de le dissuader avec l'argument essentiel que celui-ci pouvait travailler à la clinique Sarepta qu'il avait fondée. Le Dr Nangor était vraiment un homme courageux qui pouvait vous dire la vérité en face. Il trouvait du plaisir à jeter le pavé dans la mare, il aimait secouer le cocotier. Le sachant, nous aussi, nous lui faisions ouvertement nos reproches. Par exemple, Marcellin Titiro et moi avions remarqué qu'il ne commençait pas tôt le travail comme les autres fonctionnaires. Quand nous lui avions fait cette remarque, il nous expliqua que quelle que soit l'heure de début du travail, il lui arrivait de finir souvent tard, car il y avait des malades au moment où il fallait arrêter le travail. On pouvait également l'appeler d'urgence très tôt le matin. Avec toutes ces exigences, il ne comprenait pas pourquoi le médecin fonctionnaire n'était pas bien rémunéré. Il fut ainsi impliqué au nom de la justice dans les mouvements de revendication au cours des années 1990. Il alla s'installer momentanément à Abidjan pour la préparation d'un certificat d'études spécialisées en réanimation avant son départ définitif de la fonction publique. Il était un motivateur influent.

Un motivateur influent

Nous avions participé avec son encouragement à plusieurs rencontres internationales organisées par les GBU. L'une des premières consultations dont je me souviens était organisée à Dabou pour les Amis des GBU en 1986. Le thème central était : « Fais paître mes brebis. » Nous avions ensuite participé au 8ᵉ congrès triennal des GBUAF de Lomé (Togo) en 1988. Nous avions rejoint la capitale togolaise à bord de plusieurs véhicules personnels. J'avais pris naturellement place dans la Peugeot 405 des Nangor. En chemin, alors que nous traversions le Ghana, il y eut un désaccord profond entre les amis sur les demandes de pourboire régulièrement faites par les policiers et autres agents de la sécurité. Pour le Dr Nangor, ce n'était pas de la corruption, mais de l'aide apportée à des personnes démunis qui étaient en face d'Ivoiriens nantis.

De retour de Lomé, le Dr Nangor avait animé plusieurs conférences sur « Le SIDA à la porte de l'Église ». À ce titre, la JEPCMA dont j'étais le président depuis mai 1989 l'invita au camp de Dimbokro (juillet 1989). Il prit le soin de démontrer à partir d'exemples bibliques que le SIDA n'était plus à la porte de l'Église, mais y était déjà entré. Cette conviction fut réaffirmée plusieurs années plus tard lors d'une leçon académique dans laquelle il s'interrogeait sur la prise de conscience de la réalité du VIH/SIDA au niveau des communautés chrétiennes :

> C'est ici que le phénomène s'avère on ne peut plus pathétique parce que de toutes les communautés humaines égrenées plus haut, la communauté chrétienne est la seule qui n'a aucun moyen de bouter hors de son sein le VIH qui s'y introduit aussi bien par la voie de la désobéissance que par celle de l'obéissance au Seigneur.

> - Désobéissance par le désordre sexuel. Il faut avouer que beaucoup de chrétiens vivent dans le désordre sexuel avant comme après le mariage, hélas !

> - Obéissance par sa fidélité à sa vocation de faire de toutes les nations des disciples de Jésus-Christ, c'est-à-dire par sa mission d'évangélisation qui consiste à inviter des non-chrétiens à choisir Jésus-Christ pour Maître et se joindre à la communauté. Parmi ces nouveaux disciples sortis du paganisme, il y a et il y aura toujours des sujets séropositifs. Ainsi, le VIH/SIDA tout en devenant une douloureuse épreuve pour la communauté chrétienne, n'en demeure pas moins un critère de sa croissance. Ces séropositifs convertis constituent une semence de VIH qui se répandra et s'installera à l'intérieur de la communauté par le truchement du mariage à des jeunes gens et jeunes filles qui se sont peut-être conservés sexuellement purs par crainte du Seigneur. Reconnaissez avec moi que cela est vraiment pathétique. Il est vrai que le mariage peut être précédé d'un test de dépistage mais le test de dépistage négatif aujourd'hui peut se révéler positif dans quelques jours, semaines ou mois. Tout dépendant du degré d'ancienneté de la contamination.

> Ainsi, la communauté chrétienne de par sa vocation est donc condamnée à s'infliger par obéissance cette sorte d'auto-flagellation jusqu'à la disparition totale du VIH dont le Seigneur seul détient la date[34].

---

[34] Vincent Koutouan Nangor, *Communautés chrétiennes et VIH/SIDA*, Leçon inaugurale de la cérémonie de lancement officiel des masters en développement holistique, jeudi 26 janvier 2012.

Cette affirmation n'était pas du goût d'un des campeurs de Dimbokro 1989 qui tout en brandissant sa Bible rétorqua : « Ma Bible ne me dit pas qu'un chrétien peut contracter le SIDA. » Le Dr André Kouadio qui était présent sur la table de séance, décida de prendre la parole pour expliquer ce que le Dr Nangor avait voulu dire. Nous pensions que l'incident était clos. Reprenant la parole, le Dr Nangor déplora le faible niveau de connaissance biblique de son contradicteur en ces mots : « Il y a des gens qui lisent de la Bible, ils ne lisent pas la Bible. » Le Dr Nangor passait vraisemblablement pour être un modèle à imiter, un exemple à suivre.

Un modèle à imiter, un exemple à suivre

Après la conférence, j'ai dû quitter Dimbokro avec le Dr Nangor afin de me préparer pour un voyage aux États-Unis. Il avait rédigé une lettre que je devais remettre en mains propres au professeur Tite Tiénou qu'il admirait profondément. C'était par lui que j'avais appris pour la première fois que l'homme était membre de la CMA, la Christian and Missionary Alliance, une dénomination chrétienne fondée en 1887. Le Dr Nangor se souvenait encore de ses enseignements à une consultation des GBU à Yamoussoukro en 1980. La lettre du Dr Nangor portait sur *La tâche théologique en Afrique*, ouvrage publié par le CPE à partir d'une leçon académique donnée par le professeur Tiénou au séminaire théologique d'Igbadja au Nigeria en hommage au Dr Byang Kato (1936-1975).

Le Dr Nangor et son épouse ont tenu à m'accompagner à l'aéroport d'Abidjan pour s'assurer que la lettre parviendrait à son destinataire aux États-Unis. L'auteur a beaucoup apprécié la profondeur des propos du Dr Nangor et ne cessait de dire que ce dernier avait vraiment lu l'ouvrage. Je suis toujours à la recherche de ce document auprès du doyen émérite Tiénou. Le Dr Nangor n'avait pas fait une copie ni conservé le brouillon de sa lettre. En plus de ses atouts intellectuels très poussés, le Dr Nangor avait un cœur généreux et un esprit disposé.

Un cœur généreux, un esprit disposé

Le 8 juin 1991, il avait accepté d'être le témoin majeur de notre mariage à Dabou. Il avait été notre conseiller conjugal après la cérémonie. Dans le domaine, il avait beaucoup à dire. Il avait animé plusieurs conférences sur le sujet de la famille et avait un enseignement particulier concernant les relations avec les beaux-parents. Il avait promis écrire un ouvrage et nous avions choisi ensemble le titre *Pour une relecture africaine de Walter Trobish*[35] *et consorts*.

Il trouvait dommage que les couples chrétiens africains aient tendance à copier les gestes d'amour des Européens et ne mettaient pas un point d'honneur à faire valoir la charité chrétienne. À ce propos, je retiens encore l'histoire de deux jeunes gens qui devaient aller à Agboville pour le baccalauréat. Ils sont venus le voir pour qu'il leur trouve un tuteur pendant leur séjour dans cette ville. Il a écrit une lettre pour qu'ils la remettent à un chrétien qu'il connaissait. Plusieurs semaines après, il rencontra les jeunes gens qui avaient été admis au bac mais n'étaient plus revenus vers lui. La vérité est que leur présumé hôte chrétien n'a pas pu les recevoir à la maison, car il devait en parler d'abord à sa femme. Pendant qu'ils poirotaient, un de ses collègues qui était musulman décida de les prendre chez lui.

Le Dr Nangor aimait secouer le cocotier de manière à susciter la réflexion qui pousse au sens de responsabilité et à l'action consensuelle en contexte. Jimmy Swaggart avait organisé une grande campagne d'évangélisation à Abidjan du 7 au 9 novembre 1987 au stade Félix Houphouët-Boigny sur invitation des Assemblées de Dieu (AD). Avant son arrivée en Côte d'Ivoire, une campagne d'information était menée avec des affichettes qui présentaient la photo de l'évangéliste avec l'inscription : « Expérimentez la différence. » Le Dr Nangor attira tout de suite notre attention sur le fait qu'il n'y avait rien de chrétien dans cette présentation et que ce n'était pas un bon signe.

Après le départ de l'évangéliste américain, j'étais en sa compagnie à l'Église baptiste de Marcory. Un des responsables nous raconta avec beaucoup d'humour comment s'étaient déroulées les séances spéciales à Adjamé. Le Dr Nangor n'attendit pas son départ pour blâmer l'attitude des responsables qui papillonnaient çà et là à la recherche de sensations fortes, et qui venaient se moquer quand ils n'avaient pas été satisfaits. S'étant rendu compte que le Dr Nangor s'adressait à lui, il perdit automatiquement le sourire.

---

[35] Rév. Walter A. Trobish (1923-1979) est l'auteur de *I Loved a Girl (J'ai aimé une fille) 1963*, avec Jean et Ernestine Banyolak, conseillers conjugaux originaires du Cameroun. Autres titres : *Ton amour vaut mieux que le vin* ; *Ma femme m'a rendu polygame (My Wife Made Me a Polygamist)*, 1971 ; *The Joy of Being a Woman and What a Man Can Do*, 1975.

Le Dr Nangor trouvait un immense plaisir à raconter des anecdotes et des histoires à réveiller l'esprit et à donner des leçons, comme la comptine *Voici ma main*[36] :

Voici ma main,

(présenter la main, doigts serrés)

elle a cinq doigts,

(écarter les doigts)

en voici deux, en voici trois.

(de l'autre main saisir ensemble le pouce et l'index, puis le majeur avec l'annulaire et l'auriculaire)

Mon premier le petit bonhomme,

(de l'autre main tenir le pouce)

c'est mon gros pouce que je nomme.

L'index qui montre le chemin

(de l'autre main tenir l'index)

est le deuxième doigt de ma main.

Entre l'index et l'annulaire

(de l'autre main tenir le majeur)

le majeur paraît un grand frère.

L'annulaire porte un anneau,

(de l'autre main tenir l'annulaire)

avec sa bague il fait le beau.

Le minuscule auriculaire

marche à côté de l'annulaire.

Regardez les cinq doigts travailler,

(remuer les cinq doigts)

chacun fait son petit métier.

---

[36] Il existe plusieurs versions de ce texte. La version présentée ici est disponible sur : https://momes.parents.fr/chansons-et-histoires/comptines/comptines-doigts-mains/voici-ma-main-837303, publié par La rédaction de Mômes, le 12 mai 2020, consulté le 5 février 2025.

Le point de vue du Dr Nangor était que malgré nos diverses ethnies et nos différentes dénominations, nous sommes appelés à travailler ensemble comme les doigts de la main. Ces différences constituent une force et non un handicap.

Célestin Kouassi
Président de l'Université de l'alliance chrétienne d'Abidjan
(UACA)
Ancien président du CA des GBUCI
Côte d'Ivoire

UN PASSIONNÉ DES GBUAF

Dans l'annonce de l'Évangile aux élèves et étudiants, cadres et intellectuels de tous bords des pays francophones d'Afrique, les Groupes bibliques universitaires d'Afrique francophone (GBUAF) constituent une merveilleuse opportunité, pour mutualiser les efforts des croyants touchés et acquis à cette cause sensible et biblique, et voir le royaume de Dieu puissamment implanté au cœur du monde estudiantin.

Cet espace des GBUAF offre également aux chrétiens de toute dénomination, la possibilité d'adorer Dieu ensemble avec les autres et le servir en travaillant toujours ensemble, pour former des disciples matures qui, avec l'aide de Dieu, exercent une influence chrétienne dans tous les aspects de leur vie, dans nos sociétés africaines qui ont tant besoin de voir la présence de Dieu briller en leur sein. J'en suis un prototype pour le GBU dans ma nation, le Bénin. Il en était de même du Dr Nangor, en Côte d'Ivoire, son pays d'origine et au-delà.

Le Dr Nangor avait vécu avec une passion débordante et une vision exceptionnelle pour le rayonnement des GBU dans l'espace francophone. Il est parti définitivement du milieu de nous pour jouir du repos de Dieu. Mais certains échos de sa vie sur la terre, de son engagement avec Dieu et des œuvres qu'il avait de tout cœur accomplies, pour la cause de l'Évangile, continuent de résonner très fortement encore dans le cœur de ceux qui l'ont côtoyé ou qui ont servi à ses côtés dans sa génération.

La rencontre avec le Dr Nangor

Avant le déroulement du 11ᵉ congrès triennal des GBUAF organisé à Cotonou (Bénin) du 21 au 31 août 1999, je n'avais eu que quelques contacts sporadiques[37] avec le Dr Nangor sans le connaître vraiment. Je n'avais pas de relation particulière avec cet illustre homme des GBUAF qui y exerçait une responsabilité importante. Il en était le président du

---

[37] Ces contacts ont eu lieu au cours de la consultation des secrétaires généraux et du comité exécutif des GBUAF du 26 juillet au 4 août 1998 à Abidjan, Côte d'Ivoire.

comité exécutif. Le témoignage que je rends ici de l'homme et de ses œuvres résulte des rapports que j'ai entretenus avec lui dans le champ du ministère sur une période qui couvre à peine dix ans.

C'est à partir du congrès de Cotonou que j'ai eu le grand privilège de commencer à côtoyer véritablement l'homme et le responsable que fut le Dr Nangor. Dans les coulisses de la salle d'attente du Centre international des conférences (CIC) de Cotonou, au moment des échanges avec le ministre de l'éducation nationale et de la recherche scientifique d'alors, M. Damien Zinsou Modéran Allahassa, j'ai commencé à percevoir les premiers traits du caractère du président Nangor. Il était un homme calme, effacé, mais à la fois très incisif et percutant dans ses prises de parole.

Ce caractère discret et persuasif du Dr Nangor s'est révélé à l'ensemble des participants au congrès venus des dix-huit pays africains et d'ailleurs. Ces derniers étaient rassemblés dans la grande salle bleue du CIC, et avaient écouté très religieusement le prestigieux et historique discours qu'il avait prononcé, un peu avant l'ouverture officielle de cette grande manifestation par le ministre de l'éducation nationale, représentant du chef de l'État béninois, le général Mathieu Kérékou.

À travers ses discours délivrés à l'ouverture comme à la clôture de l'événement, je peux noter un deuxième trait important du caractère de la personne : il était un homme suffisamment cultivé. Autrement dit, selon les termes qu'il avait utilisés lui-même, devant son auditoire, pour justifier la pertinence du thème général du congrès de Cotonou : *L'intellectuel africain et l'Évangile*, le Dr Nangor s'était révélé tout simplement au public comme un africain très bien cultivé. L'intellectuel, selon lui, c'est « l'homme ou la femme qui, face à une situation donnée démontre sa capacité de proposer à partir de sa propre réflexion une solution recevable. Dès lors, il apparaît assez clairement que la qualité d'intellectuel n'est pas systématiquement subordonnée au volume de diplômes engrangés[38] ».

Partant de cette définition, le Dr Nangor va gagner l'admiration de son auditoire en qualifiant le président béninois Mathieu Kérékou de premier intellectuel de son pays[39], du fait qu'il ait simplement

---

[38] Vincent Koutouan Nangor, *Applique-toi à la lecture. L'intellectuel chrétien africain dans le dessein de Dieu*, Abidjan, Les Presses de la FATEAC/UACA, 2023, p. 13.
[39] *Ibid.*, p. 14.

choisi de diriger sa nation en s'inspirant de l'Évangile, à l'instar de Georges Washington, premier président des États-Unis qui disait par expérience : « Il est impossible de gouverner le monde avec droiture sans Dieu et la Bible. » Il va également mentionner dans un autre pan de son discours que, pendant que le vent du multipartisme faisait des ravages aux conséquences incalculables dans plusieurs pays africains francophones, victimes de leur propre analphabétisme politique, le Bénin, par la capacité intellectuelle de longue tradition de son intelligentsia et l'expertise de sa classe politique, a réussi à dompter ce vent nouveau pour le mettre au service de son peuple[40]. La maîtrise d'un tel virage a honoré toute l'Afrique, détruisant définitivement à son niveau ce préjugé occidental selon lequel l'Afrique noire ne serait pas encore mûre pour la démocratie pluraliste. Il disait que la mission de l'intellectuel africain de la nouvelle génération, qui vit à distance de la traite des noirs et qui n'a pas subi les affres de la colonisation, est de débarrasser l'Évangile du mauvais visage que lui a forgé le missionnaire colonial et de se réapproprier de son message transformateur, pour le mettre au service de notre chère Afrique dont la souffrance remonte à la nuit des temps[41]. Un tel discours ne peut laisser personne indifférent dans la salle.

Le Dr Nangor était un passionné des GBUAF qu'il aimait sans réserve. Il y trouvait son compte. C'était sa famille, sa maison. Il était le président de son comité exécutif de 1992 au passage de la structure exécutive à la structure consultative, à la 12ᵉ et dernière édition du congrès triennal de Bamako en 2002. Il était un homme qui ne savait pas cacher la vérité qui était au fond de son cœur. À cet effet, il n'avait pas du tout caché son sentiment devant le vent de changement qui soufflait à faire passer la structure exécutive des GBUAF à la structure consultative depuis le 11ᵉ congrès de Cotonou en 1999. Il était soutenu dans cette vision par le conseil national d'administration du mouvement béninois. Il était un intellectuel chrétien africain, mais aussi et surtout un vrai chrétien panafricaniste qui rêvait grand pour le monde évangélique africain. Il avait marqué à succès des esprits par son leadership au sein des GBUAF.

---

[40] *Ibid.*

[41] *Ibid.*, p. 24.

De son leadership régional

Les GBUAF étaient en quelque sorte le marigot dans lequel le Dr Nangor se sentait le plus à l'aise comme un poisson dans l'eau. Je ne dispose pas suffisamment d'éléments pour préciser depuis quand exactement son histoire d'amour avec les GBUAF a commencé, mais pour le peu de temps que je l'ai pratiqué, quand j'étais le secrétaire général du GBEE Bénin, j'ai noté tout simplement qu'il était indéniablement un homme qui savait toujours trouver le temps qu'il faut, pour accomplir ce qui lui tenait à cœur de faire pour le rayonnement des GBUAF. Il était d'abord prêt à se dépenser[42] pour eux et ensuite prêt à dépenser ce qu'il a de plus cher pour leur développement. Il était un grand soutien pour la concrétisation rapide du « Projet Jéribeth ». Son engagement aux côtés du Dr Daniel Bourdanné, ancien secrétaire régional des GBUAF, au moment de la conception et du lancement de ce projet, était total et sans marchandage pour moi qui l'observait de loin.

Pendant le peu de temps où j'ai cheminé avec le Dr Nangor quand il était le président du comité exécutif des GBUAF, trois marques de son leadership m'ont particulièrement touché, à savoir : sa vision, son pragmatisme et son humanisme[43]. Il était à la fois un leader visionnaire, un homme pragmatique et un leader très sensible à l'humain.

Un leader visionnaire

De façon générale, il serait difficile de parler de leadership sans la vision. Tout bon leader devrait être guidé par une vision, ne pouvant se satisfaire d'un statu quo. La vision est une image intérieure de la manière dont les choses pourraient ou devraient se dérouler dans les temps à venir[44]. C'est le portrait d'un avenir que l'on souhaite. Cette image est intérieure et personnelle. En tant que président du comité exécutif des GBUAF, le Dr Nangor avait une vision très claire de ce que Dieu lui avait mis à cœur concernant l'avenir de ce mouvement qui se trouvait à un carrefour important, où il fallait opérer des changements pour un lendemain meilleur.

---

[42] C'est-à-dire y investir sa propre vie.
[43] Sa grande sensibilité aux problèmes d'autrui.
[44] John C. Maxwell, *Cahier de formation au leadership N°1*, Équipe France, Édition 2004, p. 17.

C'était dans ses échanges personnels avec le frère Rigobert Kodonon[45], pendant l'une des pauses des travaux du conseil général, lors du 11ᵉ congrès triennal des GBUAF tenu à Cotonou, que j'allais être un témoin privilégié du partage de sa vision, c'est-à-dire son image de l'avenir qu'il espérait voir se concrétiser pour notre mouvement régional. Selon lui, les GBUAF, malgré les multiples facteurs qui lui imposaient une métamorphose profonde, devraient continuer de demeurer un grand ensemble au plan régional, avec un comité exécutif fédéraliste qui serait un moteur puissant à l'écoute et au service des jeunes comités exécutifs des mouvements nationaux, qui se mettaient progressivement en place, mais qui étaient encore très vulnérables dans leur fonctionnement.

Cette vision panafricaniste du président Nangor était partagée à 100 % par le mouvement béninois qui l'avait soutenu au moment des débats au conseil général de Cotonou en 1999. Malheureusement, cette vision n'a pas prospéré au moment du vote de l'ensemble des délégués qui avait en majorité opté pour une structure consultative. Le président Nangor n'avait pas du tout apprécié ce changement de cap, mais était resté soumis à la dynamique du groupe.

Au 12ᵉ congrès triennal des GBUAF à Bamako en 2002, le comité exécutif est passé réellement de la structure exécutive à la structure consultative. Avons-nous eu raison ou tort d'opter pour un tel choix au détriment de ce que nous proposait le Dr Nangor ? Nous aurons l'occasion de revenir sur cette question dans nos analyses à la troisième partie de notre témoignage.

Un leader pragmatique

La personne du Dr Nangor était fondée sur l'action, la pratique et cautionnée par l'efficacité. Nul ne peut voler véritablement au secours des autres s'il n'a entre les mains que le verbe comme seul moyen de servir. Pour le Dr Nangor, « agir plus et parler peu » était très important. Il était un leader pragmatique. Il était habité par un profond désir de poser des actes qui conduisaient à des résultats concrets. En consultant un ouvrage de référence, je peux davantage circonscrire ce que j'entends par « le pragmatisme » du Dr Nangor.

---

[45] Président du Conseil national d'administration (CoNA) du Groupe biblique des élèves et étudiants du Bénin (GBEEB) lors du XIᵉ triennal des GBUAF à Cotonou du 21 au 31 août 1999.

Le pragmatisme, selon le Petit Larousse, c'est la « doctrine qui prend pour critère de la vérité la valeur pratique, considérant qu'il n'y a pas de vérité absolue et que n'est vrai que ce qui réussit[46] ». Ce premier sens du mot est loin de me révéler cette caractéristique fondamentale du leadership du Dr Nangor. Mais le deuxième sens, qui est donné à ce mot dans le même ouvrage et qui me rapproche beaucoup plus de l'être intérieur de l'homme, c'est que le pragmatisme est « l'attitude de quelqu'un qui s'adapte à toutes les situations, qui est orienté vers l'action pratique ». Nangor se retrouvait pleinement dans ce marigot. Son pragmatisme était empreint d'un humanisme que je qualifierai d'« humanisme évangélique[47] ».

Un leader humaniste

Le premier sens donné au mot « humanisme » dans le Petit Larousse nous permet d'être plus explicite. L'humanisme, c'est « la position philosophique qui met l'homme et les valeurs humaines au-dessus des autres valeurs ». Ce qui permet à Nangor d'être humaniste à mon entendement, ce n'est pas son souci de mettre l'homme au-dessus de tout, mais de le respecter et de le servir. Le Dr Nangor avait le souci du bien-être de ceux qui l'entouraient et de ceux dont il se sentait responsable. Lors du 11e congrès triennal de Cotonou en 1999, j'ai noté cette qualité de l'homme à travers les multiples descentes qu'il faisait à l'infirmerie pour visiter les différentes personnes qui avaient des problèmes de santé et y étaient gardées en observation, et la qualité des soins qu'on leur prodiguait. Tout cela me démontrait à suffisance la valeur que ce leader accordait à l'humain et à son bien-être.

En tant que président du comité d'organisation et de pilotage de ce 11e grand événement régional des GBUAF à Cotonou, j'ai été mis au courant par le président du Conseil national d'administration (CoNA) du GBEEB[48], le frère Rigobert Kodonon, du cas critique de santé d'un étudiant béninois congressiste sur lequel le Dr Nangor avait attiré son attention. Cet étudiant présentait les symptômes d'un surmenage aigu. Il fallait, pour l'aider, mobiliser des moyens supplémentaires pour

---

[46] *Le Petit Larousse illustré*, Paris, Larousse, 2001.

[47] Je fais recours à cette expression ici pour rapprocher Nangor de l'humanisme de notre Seigneur Jésus-Christ et non de l'humanisme qui donne droit et met l'homme au centre de tout au détriment de Dieu.

[48] Groupe biblique des élèves et étudiants du Bénin, mouvement national qui accueillait l'événement.

sa prise en charge sans tarder. Cela fut fait très rapidement grâce à la contribution des deux présidents. Et, c'est au moment du suivi de son dossier pendant et après le congrès que ce qui s'est passé, dans la discrétion entre les deux présidents, a été porté à mon attention. J'étais effectivement et personnellement impliqué dans ce suivi. Plusieurs mois après le congrès, le Dr Nangor, depuis Abidjan, continuait de nous demander les nouvelles de cet étudiant jusqu'à ce que ce dernier, totalement guéri, ait trouvé une opportunité de bourses pour rejoindre les États-Unis en vue des études supérieures. Cette action concrète posée par le Dr Nangor, dans une grande discrétion et dans un suivi rigoureux après l'événement, m'a permis de découvrir sa grande sensibilité intérieure par rapport au bien-être du prochain. Une véritable amitié s'est installée entre cet étudiant et le Dr Nangor après cet événement. L'issue de cette histoire m'a permis de comprendre combien les compétences en relations humaines constituent un atout important dans l'exercice d'un leadership à visage humain. À cet effet, il est très important de noter cette pensée capitale en matière de leadership relationnel qui me revient à l'esprit : « Les gens s'intéressent peu à ce que nous savons jusqu'au moment où ils savent que nous nous intéressons à eux[49]. »

Le bien-être intégral de l'homme constitue le fondement même du leadership, selon notre Seigneur Jésus-Christ. Le style de leadership exercé par le Dr Nangor n'était pas loin de celui du Maître. C'était un leadership de nature pragmatique et humaniste dont la manière d'être et de faire est fondée simplement sur la pratique des relations humaines inspirées par le modèle laissé par notre Seigneur et Sauveur Jésus-Christ.

Notre foi chrétienne, pour faire la différence positive dans notre environnement, a besoin d'être bâtie sur des relations et non sur des croyances ou des disciplines. Personne n'a su mieux gérer les relations humaines que notre Seigneur Jésus-Christ. Pour lui, c'était vraiment clair : « Le Fils de l'homme est venu, non pour être servi, mais pour servir et donner sa vie comme la rançon de plusieurs » (Mc 10.45, LSG). C'est avec et selon cette identité que le Christ vivait, se déplaçait et servait les autres partout où il allait. Et, à chaque endroit où il se trouvait, de milliers de gens le suivaient et se rassemblaient autour de lui. Il

---

[49] John C. Maxwell, *Carnet de formation au leadership N°1,* Équipe France, Édition 2004, p. 32.

avait la passion des gens et une compassion profonde s'élevait de son cœur pour les toucher, chacun personnellement. Il répondait toujours à leurs besoins. Pour le Christ, réussir c'est de les voir progresser tant spirituellement, émotionnellement que physiquement. Le Dr Nangor avait certainement devant ses yeux ce modèle de vie et de service de notre Seigneur Jésus-Christ comme fil conducteur de son leadership. Cette image du Seigneur dans Matthieu 9.35-38, où il réclamait des disciples capables de s'occuper des problèmes des autres, avait un écho très retentissant dans le cœur du Dr Nangor dont la vie, l'amour et le service pour Dieu laissent un message poignant après son départ éternel du milieu de nous.

Le message qu'il a laissé

Le Dr Nangor a vécu dans sa génération une vie calquée sur l'exemple et le modèle parfait de notre Seigneur Jésus-Christ. Son style de leadership au sein de notre mouvement panafricain, qualifié de pragmatique et fondé sur l'humanisme évangélique, nous laisse trois messages importants :

- Il n'avait pas vécu comme un figuier stérile[50] au milieu de nous ;
- Il avait une vision très claire de ce à quoi Dieu l'avait appelé pour servir comme responsable en notre sein ;
- Il était un leader intègre et courageux.

Un « figuier » qui avait fait la joie de son Maître

Cette image de figuier, en regardant tout simplement la marche chrétienne du Dr Nangor au milieu de nous, je l'ai puisée dans Marc 11.11-21, où deux incidents particuliers sont racontés : la malédiction prononcée sur le figuier et la purification du temple. Le figuier donnait l'impression de porter de fruit à une période de contre-saison, mais il restait stérile. Il n'a pas pu satisfaire la faim du Maître qui s'est approché de lui pour y cueillir quelques fruits. Regardant la réaction du Seigneur dans cette histoire, nous pouvons comprendre son attente aujourd'hui en face des chrétiens dont la vie et les témoignages devraient être porteurs d'espoir et de résultats qui honorent Dieu dans

---

[50] Le figuier au feuillage vert donnant beaucoup d'espoir mais sans fruits est un signe de vie chrétienne hypocrite et improductive.

l'environnement dans lequel ils sont placés. La colère manifestée par le Seigneur dans cette histoire peut être aujourd'hui interprétée comme son désaveu à l'encontre d'une vie religieuse purement formelle et extérieure qui ne produit pas de fruits dignes de la repentance.

Contrairement à cette image du figuier stérile, la vie chrétienne du Dr Nangor a laissé de nombreux fruits dans le champ des GBUAF qui continuent de glorifier le nom de notre Seigneur. Nangor était lui-même étonné par le témoignage du président du conseil national d'administration, le frère Rigobert Kodonon, un intellectuel chrétien remarquable qui a utilisé sa position pour impacter le rectorat de l'université nationale du Bénin, le ministère de l'éducation nationale et tout le gouvernement du Bénin, lorsqu'une communication a été adoptée en conseil des ministres dans le cadre de la bonne organisation et du bon déroulement du 11ᵉ congrès des GBUAF de Cotonou en 1999. En face d'un besoin d'urgence pour sauver un congressiste en difficulté sur le plan sanitaire, Nangor s'est rapproché immédiatement du frère Kodonon dont le témoignage l'a marqué, et les deux responsables ont agi efficacement dans la discrétion et Dieu a sauvé l'étudiant de sa maladie.

En face de tels « figuiers » comme Nangor et Kodonon dans son champ, le Seigneur ne pouvait que se réjouir des fruits produits pour répondre efficacement au besoin pressant de cet étudiant que le Seigneur avait doublement béni. Ce modèle de service et de témoignage chrétien du Dr Nangor était un exemple palpable que les générations présentes et futures de nos GBU et de leurs Amis doivent imiter et suivre pour faire progresser le règne de Dieu au milieu des intellectuels africains. Nangor était aussi aux GBUAF un leader-serviteur à l'image de son Maître.

Un serviteur à l'image de son Maître

La deuxième leçon que nous laisse la vie du Dr Nangor, c'est sa qualité de service au milieu de nous en tant que leader-serviteur. Nangor avait calqué son service sur le modèle du Seigneur Jésus-Christ. Comme le Seigneur avait une vision claire de son identité et de la raison pour laquelle il était venu au milieu des hommes, le Dr Nangor avait lui aussi une vision claire du pourquoi il avait été appelé à devenir le président du comité exécutif des GBUAF.

En effet, les GBUAF avaient été enregistrés en Côte d'Ivoire comme un seul mouvement national à l'origine. Et tous les secrétaires généraux qui ont succédé à Alastair Kennedy à sa tête avaient comme devoir de travailler à propager ce mouvement dans d'autres universités francophones de l'Afrique. Isaac Zokoué et Solomon Andria se sont efforcés l'un après l'autre à créer les GBU dans d'autres pays francophones de l'Afrique et à les affilier à l'IFES, afin de faire croître la représentativité de notre région à l'assemblée mondiale. Au temps où le Dr Daniel Bourdanné devint secrétaire régional des GBUAF, il fallait accélérer ce processus en permettant une transformation institutionnelle du comité exécutif, qui jusqu'alors agissait au nom de tous les GBU nationaux fraîchement constitués, représentant toute notre région à l'IFES comme un seul pays.

Pour opérer ce changement, deux approches étaient en présence :

- Opérer le changement par le bas en gardant le comité exécutif dans le statu quo et en travaillant progressivement à la création de nouveaux mouvements nationaux, à leur consolidation et au renforcement des capacités de leurs leaders. Et dès que beaucoup de pays auraient construits leur identité de mouvements nationaux, on pourrait envisager la restructuration profonde du comité exécutif en dernière position.

- Opérer sans tarder le grand changement au niveau du comité exécutif, une transformation par le haut, en permettant aux mouvements nationaux qui sont déjà nés dans les différents pays, de se faire représenter directement à l'assemblée mondiale de l'IFES, même s'ils sont encore à l'étape pionnière ou de vulnérabilité.

Après plusieurs niveaux de préparation, plusieurs consultations et formations des jeunes comme secrétaires généraux des mouvements nationaux, tout cela rigoureusement et méthodiquement distillé dans le temps par Daniel Bourdanné, secrétaire régional des GBUAF en exercice après Solomon Andria, il fallait enfin faire un choix clair entre ces deux options au cours des assises du 11e congrès de Cotonou en 1999. À l'issue du vote consécutif à une série de débats et de concertations à huit clos au niveau des mouvements nationaux, l'option 2 s'est majoritairement dégagée et a été retenue contre l'option 1 soutenue par la minorité composée des mouvements nationaux de la Côte d'Ivoire et du Bénin. La conséquence immédiate de ce vote était que le comité exécutif changera ainsi de nature et passera à la formule consultative au 12ᵉ congrès de Bamako en 2002. Le Dr Nangor n'avait pas apprécié ce changement de cap qui n'était pas du tout conforme à sa vision quand il prenait les reines du comité exécutif. Cette vision, bien que juste et claire, n'avait pas pu emballer le grand nombre des délégués qui avaient soif du changement. Elle n'était pas soutenue par une stratégie réaliste répondant aux besoins du moment.

Les limites et points d'amélioration du style de leadership du Dr Nangor

La vision n'est pas un événement unique, mais un processus qui nécessite une bonne communication pour la rendre plus concrète et explicite. Sa vision du changement à opérer au sein des GBUAF était mise en minorité parce qu'elle n'était pas suffisamment explicite pour l'ensemble des délégués d'autres mouvements qui aspiraient à un autre type de leadership régional.

La vision étant une image intérieure de la manière dont les choses pourraient ou devraient se dérouler dans les temps à venir est d'abord personnelle. Si nous voulons voir cette vision se réaliser dans notre ministère, il va falloir trouver les bons moyens pour peindre cette image personnelle dans l'esprit des autres qui nous accompagnent dans la mission. Richard Sheridan faisait observer : « La capacité à envisager l'avenir est aussi essentielle au leadership que la capacité à en faire un discours inspirant et motivant pour les autres[51]. » Le Dr Nangor n'avait pas trouvé les moyens qu'il fallait pour rendre sa vision suffisamment puissante, pour se débarrasser de la satisfaction du statu quo et la remplacer par la motivation d'agir qui allait pleinement impliquer les autres avec lui dans sa mise en œuvre.

Une vision non motivante est toujours vouée à l'échec. C'est à ce résultat que le président Nangor était parvenu avec ceux qui pensaient la même chose que lui[52]. La grande leçon ici, c'est qu'une vision aussi juste, claire et concrète, a aussi besoin d'être explicite et motivante pour pouvoir engager l'adhésion de ceux qui nous accompagnent dans sa réalisation.

---

[51] Richard Sheridan, *Chief Joy Officer*, New York, Portfolio, 2018, p. 87.
[52] J'en fais pleinement partie.

Une vision concrète et réaliste indique toujours la stratégie à suivre dans sa mise en œuvre. La deuxième insuffisance qui a caractérisé le choix de l'option 1 par le président Nangor, c'est qu'il y avait un défaut de stratégie claire pour accompagner la mise en œuvre de cette vision. En combien de temps allait-on construire des mouvements nationaux solides dans tous les pays avant d'envisager la transformation institutionnelle du comité exécutif ? C'était une grande inconnue qui allait nous faire tourner en rond dans le statu quo.

Il y a une interaction entre la vision et la stratégie. Pendant que la vision définit là où nous voulons aller, la stratégie quant à elle l'accompagne en définissant comment nous allons y arriver. Nos valeurs en tant que leader définissent notre personnalité tout au long du processus. Ce qu'il convient de retenir ici comme leçon, c'est que la stratégie est au service de la vision, mais seule une vision réaliste (pratique) peut conduire à une stratégie. En tout, la vision précède la stratégie, car il n'y a pas de chemin sans destination. Mais sans chemin il n'y a pas non plus de progrès.

Il est très important de faire remarquer ici que le choix majoritaire de l'option 2 par l'ensemble des congressistes, à savoir la transformation profonde de la structure exécutive des GBUAF en structure consultative, n'était pas le fruit du hasard. C'était le résultat d'un long processus de préparation méthodique et rigoureuse sagement mis en œuvre par le Dr Bourdanné. C'était à travers le développement de cette stratégie efficace d'informations, de consultations et de formations des secrétaires généraux des mouvements nationaux et sa restitution à la base que ce choix de la majorité s'était construit progressivement avec pour résultat cette transformation profonde.

Je me souviens encore, comme si c'était hier, qu'au cours d'une consultation des secrétaires généraux à Abidjan, sur le site qui allait accueillir les formations du CACC[53], ils avaient affiché comme une résistance collective à aller vers ce choix de changement futur. Face à ce mur, le Dr Bourdanné nous avait dit tout bonnement que chacun devrait en toute conscience réfléchir de façon responsable au futur dans lequel il allait engager son mouvement national et si le choix était mal fait par quelqu'un, il se trouverait simplement devant la réalité de fermer son GBU et de déposer tranquillement la clé sous le paillasson.

---

[53] Centre Africain pour le Christianisme Contemporain, lieu de formation des secrétaires généraux et d'autres leaders des Églises au leadership transformationnel.

Je comprends aujourd'hui que cette interpellation du Dr Bourdanné a eu le temps de mûrir dans les cœurs avant les assises du 11ᵉ congrès et c'est cela qui a certainement orienté par la suite la majorité des délégués à opter pour ce changement profond basé sur la culture de la responsabilité.

Passons maintenant au troisième et dernier message que nous laissent la vie et l'œuvre du Dr Nangor dans le champ des GBUAF.

Un leader intègre et courageux

L'intégrité et le courage sont deux marques de cœur qui caractérisaient la personne du Dr Nangor. Le leadership fonctionne sur la base de la confiance. Et dans ce cas l'intégrité a une grande influence.

Le Dr Nangor était quelqu'un qui vivait d'abord lui-même la vérité qu'il voulait appliquer aux autres. Il avait une exigence de vie qui l'amenait à s'efforcer de dire ce qu'il faisait et de faire ce qu'il disait. Voici pour lui une manière d'exprimer son intégrité que j'ai relevée dans l'exhortation qu'il adressait à son auditoire à la cérémonie de clôture du 11ᵉ congrès des GBUAF :

> Chers intellectuels chrétiens africains, le christianisme est la religion de l'incarnation et il faut que notre christianisme s'incarne dans nos actes. La société africaine à tous les niveaux a besoin de notre présence participative et persuasive pour que notre continent, jadis appelé berceau de l'humanité, aujourd'hui berceau des lamentations, retrouve la joie de vivre qu'est venu nous apporter Jésus-Christ, le Sauveur de l'Afrique. Souvenons-nous pour le regretter du glorieux christianisme d'Afrique du Nord qui, pour ne s'être pas incarné dans des actes tangibles, a été réduit à une simple parenthèse de l'histoire. Notre christianisme à nous risque bien le même sort si nous continuons à vivre notre foi en appendice de notre société[54].

L'intégrité, pour le Dr Nangor, c'est non seulement la cohérence intérieure et extérieure, l'accord entre les paroles et les actes, autrement dit le fait d'être conséquent intérieurement et extérieurement, mais c'est aussi le courage d'agir en accord avec ses valeurs et ses convictions. Je découvre ainsi ce deuxième point fort de son caractère, le courage.

---

54 Vincent Nangor, « Actes du congrès de Cotonou », 11e congrès des GBUAF, du 21 au 31 août 1999, pp. 2-3.

Le courage du Dr Nangor, c'était sa fermeté devant les situations difficiles, la souffrance ou toute forme d'épreuves de la vie. C'était quelqu'un qui était toujours prêt à avancer lorsqu'il était convaincu de la volonté de Dieu pour lui. En tant que leader, il savait que les personnes qui avancent font aussi avancer les autres.

Dans le Psaume 92.13-16, le psalmiste affirme que les « justes fleurissent comme le palmier, ils croissent comme le cèdre du Liban » (Colombe). Ce sont deux arbres bien connus dans les milieux où ils sont plantés pour leur longévité, utilité, solidité, droiture et résistance quasi-inébranlable face aux adversités de la nature. Personne ne peut rester insensible ou indifférent à leur présence et aux multiples bénédictions qu'ils peuvent répandre autour d'eux.

Recherchant des qualificatifs pour résumer la vie et les bienfaits du Dr Nangor au sein de notre mouvement panafricain, je n'ai pas trouvé mieux que ces deux images du palmier et du cèdre du Liban pour fixer dans nos esprits la simplicité, la droiture, l'humanité, l'intégrité, le courage et la fermeté de la foi en Dieu de cet illustre homme. Ce responsable qui avait pleinement vécu et servi au milieu de nous avec ses forces et ses faiblesses en gardant ses yeux fixés sur Jésus-Christ. Que la génération présente et future puisse puiser, dans cet héritage qu'il nous a laissé, tout ce qui peut l'édifier et l'aider à être de bons témoins de notre admirable Maître Jésus-Christ !

Jacob Hotègnin Djossou
Pasteur, coach conjugal et familial
Socio-anthropologue
Bénin

UN MÉDECIN-ÉCRIVAIN

C'est en 2002 que j'ai été appelée à suppléer à Mme Gnamien, alors assistante du Dr Daniel Bourdanné – Secrétaire régional des GBUAF – pour raison de congés anticipés de maternité, à cause des ennuis de santé qu'elle avait. Cette aide au secrétariat coïncidait avec mon temps de stage pour la validation de mon diplôme de brevet de technicien supérieur (BTS) en gestion commerciale. Je devais faire concomitamment mon stage aux Presses bibliques africaines (PBA), la maison d'édition des Groupes bibliques universitaires d'Afrique francophone (GBUAF), et aider au secrétariat. Cette double casquette me donnait à la fois l'occasion d'aller dans l'entrepôt où étaient stockés les livres et manuscrits des PBA et de tenir le secrétariat.

Je m'étais finalement engagée comme sur une piste d'exploration pour des découvertes impressionnantes et inattendues, à commencer par le magasin des PBA.

Au magasin des PBA

Une fois ma fiche de poste de stage décrite, je pris l'habitude d'aller prendre un ou plusieurs livres, pour servir les clients ou pour ranger selon les directives de M. Lavenir Akplogan, mon directeur de stage aux PBA. Dans ce nouvel univers, aller faire quelque chose si minime soit-il dans le magasin des livres constituait pour moi une grande opportunité touristique. En entrant dans l'entrepôt, j'avais les yeux d'une exploratrice qui découvrait au fur et à mesure les livres publiés par les PBA.

Je commençai à feuilleter certains et à lire d'autres avec la permission de mon directeur. Une fois dans le magasin, je découvris derrière des livres un tas de document sur lequel je jetai un coup d'œil discret. J'y vis quelques notions de « Monsieur le Ministre, Monsieur le... ». Bref, le tas de document présentait la litanie habituelle d'un discours de haut niveau. Curieuse, je pris discrètement un exemplaire du manuscrit sur lequel je jetai rapidement un coup d'œil avant que mon responsable ne vienne. Je fus ébahie par le contenu de la première page que je venais de lire d'un trait. Des interrogations effloraient mon esprit : mais que fait donc un discours parmi les livres ? Pourquoi tant d'exemplaires imprimés ? Quel est le contenu d'un tel document ? Qui a pu bien écrire ce document ? Assurément, l'auteur de ce document est un grand littéraire : telle fut ma conclusion au premier contact du discours. Autant de questions fusaient dans mon esprit au même moment où je brûlais d'envie d'achever la lecture du premier discours que j'avais en main. Je demandai la permission à mon responsable de prendre un exemplaire, afin de déchiffrer attentivement le contenu à la pause ; demande qu'il acceptât sans difficulté. Je me tournai rapidement vers Yacouba Diawara, responsable informatique au moment de mon stage, à qui j'avais posé quelques questions sur le document et son auteur. Yacouba Diawara me répondit à peu près en ces termes :

> L'auteur de ce document s'appelle Nangor. C'est un grand érudit. Il a l'habitude de prononcer des discours aux grandes rencontres des GBUAF. Le contenu est tellement bon qu'à peine fini, presque tous les participants en demandent des exemplaires. C'est pourquoi les PBA ont décidé de les imprimer en plusieurs exemplaires pour permettre aux « Gbussiens » demandeurs des pays de l'Afrique francophone de l'avoir en copie saisie et imprimée à l'ordinateur. Ces exemplaires sont vendus comme de petits pains. C'est le reste que tu vois là.

Quelle ne fut ma surprise de découvrir la qualité linguistique, le maniement de la langue française, la structuration du langage et la profondeur biblique et engagée de ce discours. Après la lecture du premier discours, j'en demandai un autre. Je nourris au fond de mon cœur le désir de rencontrer un jour l'auteur de ce discours. Avec mes questionnements, j'appris que l'auteur des discours engagés et bibliques entassés dans l'entrepôt des PBA était un médecin. « Waouh », soupirai-je à l'idée de savoir que ces écrits, très excellents dans la forme et dans le fond, étaient l'œuvre d'un médecin ! Sur ces entrefaites, je cherchai secrètement à rencontrer l'auteur de ces beaux textes, le médecin-écrivain. Ce fut une chose faite au siège des GBUAF.

Au siège des GBUAF

Le bâtiment des GBUAF, situé naguère au sein de la station missionnaire de l'Union des églises évangéliques du sud-ouest (UEESO), était un bâtiment à étage. Le premier étage servait initialement au logement du secrétaire régional et le rez-de-chaussée était réservé pour les bureaux. Dès l'arrivée du Dr Bourdanné aux affaires, il changea la disposition initiale en octroyant le rez-de-chaussée comme locaux aux Groupes bibliques universitaires de Côte d'Ivoire (GBUCI), le premier étage servait de bureaux aux GBUAF. Étant donc habitués au siège des GBU, les anciens étudiants devenus Amis déferlaient au bureau pour saluer le personnel. Le Dr Nangor faisait partie de ces aînés dénommés dinosaures ou « trétanosaures » dans le contexte local. Ils passaient régulièrement au siège des GBUAF pour saluer ou pour accomplir une tâche quelconque. Une fois de passage, le Dr Nangor retrouva un autre illustre Ami, M. Amos Boni, l'un des responsables de GBU venu à l'université après lui. Ils étaient tous deux membres du comité exécutif des GBUAF. Un jour, les deux se retrouvèrent au même moment en début d'après-midi au siège et commencèrent à raconter leur passage au GBU, notamment le voyage par la route de la Côte d'Ivoire au Cameroun pour participer à un triennal. Ils échangeaient à haute voix, se moquaient et expliquaient les tracasseries routières et la manière dont ils contournaient ces obstacles et leurs exploits pendant leur aller et retour sur le tronçon Abidjan-Yaoundé. Je découvris à l'instant des héros de la foi expérimentés au GBU. Je me rendis compte qu'il y eût des héros, des personnes éprises de l'amour de Dieu, ayant bravé vents et marées pour atteindre leurs objectifs, ayant saisi la vision du mouvement et ayant donné leur jeunesse pour servir à l'expansion du royaume de Dieu à travers ce ministère parmi les étudiants. Je découvris l'auteur des discours et un autre Ami tout aussi engagé et perspicace comme lui. Je commençai à les admirer profondément. J'allais encore expérimenter en direct le Dr Nangor au triennal de Bamako.

Au triennal de Bamako en 2002

En 2002, les GBUAF organisèrent le triennal à Bamako. Le triennal était la plus grande rencontre régionale organisée une fois chaque trois ans dans l'un des pays membres des GBUAF. Il regroupait les représentants des 19 pays de l'Afrique francophone. J'eus la grâce, pour la première fois, en qualité de responsable des étudiants, de participer à la mobilisation en Côte d'Ivoire pour nous rendre à ce grand rendez-vous régional. Une délégation de plus de 40 étudiants et Amis s'était rendue à cette grande rencontre dont nous avions entendu parler autrefois de plusieurs manières. Je n'avais aucune idée de cette nouvelle ville d'accueil et du contenu du triennal, mais je savais que des dispositions pratiques étaient prises depuis le siège à Abidjan pour une meilleure organisation de cette rencontre.

La délégation ivoirienne en compagnie de celle du Cameroun était arrivée le 16 août tard dans la nuit. Des consignes furent données après la prière : la journée du 17 août 2002 était libre ; ce qui nous permettait de faire quelques emplettes et découvertes de la grande ville historique de Bamako. Le dimanche, les délégations devaient se rendre dans les différents lieux de culte. Tous les participants venus de différents pays étaient priés d'embarquer dans des bus de luxe à partir de 14 h, pour le palais des congrès, afin de prendre part à la cérémonie d'ouverture du triennal. J'étais un peu dans la découverte de la ville avec un regard comparatif entre ma ville d'origine et ma ville d'accueil, regard dominé par ce qui convient d'être appelé « le complexe ivoirien ». Complexe qui va s'effriter quelques trois semaines après le triennal, à cause d'une descente aux enfers de la Côte d'Ivoire, suite au coup d'État de 2002. Pour moi, à l'instar certainement des Ivoiriens de l'époque, aller à une autre destination dans la sous-région francophone, agrandissait mon espace de découverte comparatrice jadis adoubée par une certaine presse propagandiste de mon pays.

La cérémonie présidée par le ministre malien de l'éducation national commençait comme toute bonne rencontre chrétienne par la prière et les chants. Mais la touche spéciale malienne à cette cérémonie était la chorégraphie conduite par une griotte comme nous l'avions entendu dans l'épopée mandingue. Cette chorégraphie mimée était décrite avec des mots élogieux par cette griotte et présentait chaque pays composant la délégation panafricaine présente. Arrivée au tour de la Côte d'Ivoire, la jeune dame griotte commença à la décrire comme l'éléphant d'Afrique qui supplanterait toute l'Afrique avec ses quatre pattes qui indiquaient chacune une grande réalisation, symbole de développement. Tous les Ivoiriens ayant été séduits par ses paroles se tinrent débout pour adresser un tonnerre d'applaudissements à la chorégraphie qui décrivait amplement le programme politique d'alors de notre pays.

L'étape suivante était consacrée aux discours et le Dr Nangor faisait partie des intervenants. J'allais suivre cette fois-ci en direct ce que mes oreilles avaient entendu et mes yeux avaient vu à Abidjan. Le Dr Nangor s'élança dans une démonstration, un maniement de la langue avec une articulation exceptionnelle qu'on connaissait des politiciens et autres hommes d'État. Il démontrait dans ce discours le rôle que devait jouer les intellectuels africains dans le concert des nations. Dans son intervention, il soulignait le fait que l'Africain doit y prendre entièrement sa place, l'intellectuel chrétien africain surtout. L'intellectuel africain doit dépasser le discours de la victimisation et se lancer dans le combat de l'émancipation à tous les niveaux. Il énonça son rêve d'une Afrique qui se prend en charge et se construit en comptant sur ses propres fils et ses ressources. Pour lui, les intellectuels chrétiens doivent donner l'exemple. À la fin de son discours toute l'assemblée se leva comme un seul homme pour applaudir. Quant à nous Ivoiriens, le simple fait de savoir que l'intervenant était un des nôtres nous gonflait en bloc et stimulait notre fierté. Après avoir suivi son discours attentivement, je réalisai que ces éloges que j'entendais à Abidjan se confirmèrent. J'étais animée d'un sentiment de fierté et de reconnaissance pour de tels aînés qui sont des exemples et restent des modèles pour la jeune génération, notamment aux GBUCI.

Au congrès des GBUCI en 2003

C'est au congrès des GBUCI en 2003 que je découvris à nouveau une autre façade du médecin érudit, Vincent Nangor, Ami des GBU. Il était l'un des orateurs à ce grand rassemblement et chargé de former à l'étude biblique. Une fois son heure d'intervention arrivée, je m'attendais à la manière classique de former à l'étude biblique, c'est-à-dire, commencer par des parties théoriques, avant de déboucher sur la pratique ! Il suggéra à l'assemblée le texte de Luc 2.29-32. Il commença à interagir avec les « Gbussiens » qui étaient dans la salle en insistant sur le fait que la connaissance contextuelle du texte et de son auteur[55] était déterminante pour comprendre le texte soumis à notre étude. À travers sa méthode d'animation, l'auditoire avait saisi le contexte, fait l'observation, l'interprétation et l'application. On m'avait parlé de l'étude biblique de haut niveau de par le Dr Nangor : oui je venais de la découvrir. Tous les participants étaient épatés par la qualité et la profondeur de ce texte auquel nous étions très souvent exposés sommairement pendant la fête de la nativité. En conclusion de sa présentation, il faisait ressortir les correspondances avec les différentes autres parties. Jusqu'à ce jour je retiens cette étude comme si elle était faite la veille.

---

[55] Cet intellectuel dont la recherche permet de découvrir cet imminent personnage qu'est Siméon.

Pour Nangor, au contact d'un texte soumis à l'étude biblique, il faut prendre assez de temps pour le lire, et consulter ensuite d'autres documents qui nous aideront à bien le comprendre. Il nous encourageait à éviter les raccourcis en étude biblique, qui consistaient à lire précocement les commentaires sans faire un corps à corps avec notre texte. Il faut tenir aussi compte du contexte et avoir beaucoup d'autres versions de la Bible, afin de mieux comprendre le texte soumis à l'étude. Aux GBUCI, il incarnait le modèle parfait d'étude biblique prôné et voulu par le mouvement. Il était droit dans ses bottes, même à son lieu de résidence de Dabou.

À la résidence de Dabou

Le Dr Nangor résidait à Dabou, ville située à environ 60 km d'Abidjan où il exerçait comme médecin. Il y avait construit une clinique dans laquelle il travaillait. Dans cette ville résidaient également d'autres Amis des GBU : Kouassi Célestin, président du conseil d'administration des GBUCI dans les années 2000, Alopkli Agbe, Titiro G. Marcellin, Apri Honoré et bien d'autres Amis avec leurs épouses, et plus tard la jeune sœur Yéo Bénédicte. Ils formèrent ensemble une grande cellule d'Amis et se rassemblaient périodiquement pour faire des études bibliques. Le Dr Nangor était versé dans l'étude de la Parole de Dieu, au point où sa présence à la cellule et sa manière d'animer l'étude biblique attirèrent plusieurs personnes non « Gbussiennes » de Dabou à s'engager également à la cellule comme des « disciples de Nangor », afin d'approfondir leur connaissance biblique à son école. Ce sont des personnes en quête de la Parole de Dieu qui restaure l'âme. Évidemment, il se servait de ce cadre pour édifier et pour former ces frères et sœurs désireux d'apprendre à étudier la Parole de Dieu. Ces frères provenaient tantôt des Églises qui ne pratiquaient pas la méthode Observation-Interprétation-Application (OIA), tantôt de celles dont l'arrière-plan « évangile de la prospérité » pointe quasiment les textes vers la prospérité ou les fait tourner autour de l'homme de Dieu et de ses projets.

Le Dr Nangor était le doyen qui cordonnait les études bibliques, assisté à un moment donné par la sœur Yéo Bénédicte qui avait séjourné brièvement à Dabou au début de sa carrière. Elle avait aussi été formée par la même occasion. Ces rencontres d'étude biblique étaient aussi pour le Dr Nangor une occasion en or pour la communion fraternelle : partager des repas en commun et détendre l'atmosphère entre lui et les apprenants. Il brûlait du désir de former, de transmettre son savoir à la jeune génération, de partager la connaissance biblique à tous les chrétiens encore au lait. Il se plaignait du fait que cette génération ne se cultivait pas assez. De ce fait, la volonté de maîtriser les méthodes d'étude biblique et sa connaissance l'amenaient à être toujours en train de lire, de chercher, au point où il vérifiait, corrigeait ou récusait par moments des messages bibliques plats ou erronés, des chants chrétiens populaires, et proposaient en conséquence des paroles cohérentes et adaptées.

La qualité de ses études bibliques et la ferveur qu'il avait pour la Parole de Dieu avaient émerveillé et fait du bien à des gens de différentes communautés chrétiennes de la ville de Dabou et même au-delà. À Dabou, les étudiants de la Parole se rassemblaient au domicile de l'un d'eux ou à la clinique de Nangor pour apprendre et approfondir leur connaissance en étude biblique. Cela nous enseigne à croire que l'étude de la Parole nécessite un travail personnel et passionnant, une discipline personnelle, afin de préparer et d'animer une étude biblique qui attire les âmes assoiffées de la Parole de Dieu. De nombreuses personnes en situation avaient même le bénéfice de l'hospitalité du Dr Nangor en famille à Dabou.

L'hospitalité de la famille

Depuis les années 1945 émergèrent les premiers cadres dans la fonction publique comme dans le secteur privé. Ces cadres assistaient au départ des colons alors en service et constituaient un creuset d'accueil pour tous les élèves, frères et sœurs en quête d'un avenir en milieu urbain. Le Dr Nangor, comme bon professionnel et chrétien de son époque, accueillait chez lui plus de dix protégés issus de sa région d'origine ou de celle de son épouse, de même que certains autres élèves ou nouveaux travailleurs dans le besoin. Mme Yoro Kanon Louise, l'une des personnes interrogées, faisait partie des nombreux protégés ayant bénéficié de son hospitalité. En effet, Louise venait d'intégrer nouvellement le GBU dans les années 1991-1992. Dans la même période, elle était reçue à son concours de l'École normale supérieur (ENS). Nouvellement convertie, elle adressa secrètement cette prière à Dieu : « Seigneur si tu m'aides à réussir à mon concours, permets que je sois affectée dans une ville où ma foi va être édifiée. » Cette prière fut exaucée et, sur la recommandation du Dr Pierre Ezoua, alors secrétaire général des GBUCI, elle se retrouva dans la famille Nangor, à Dabou où elle débuta sa carrière d'enseignante.

Son orientation à Dabou était une réponse à sa prière. Voici le témoignage qu'elle en a rendu :

> Je n'étais certes pas parmi les premiers de la classe, ni parmi les protégés d'une autorité politique quelconque, mais je fus affectée à Dabou. C'était un des postes prisés pour les majeurs, mais Dieu me fit grâce en me permettant d'être orientée dans cette ville, non loin de la capitale, sans corrompre qui que ce soit. Arrivée à Dabou, je me rendis à l'hôpital publique où [le Dr Nangor] travaillait. À midi, je lui tendis la lettre. Il décida de me garder chez lui. Et, une fois à la maison, je fus intégrée comme une fille de la maison. Pour la croissance spirituelle, le couple avait institué un culte familial et chaque matin, madame réveillait tous ceux qui habitaient sous leur toit pour méditer la Parole de Dieu ; le culte familial étant obligatoire et non optionnel.

Ainsi, le temps passé en famille à Dabou a permis à Louise d'intégrer l'Église que ses hôtes fréquentaient. Elle y poursuivit, comme souhaité, son processus d'affermissement en participant aux côtés de la famille du Dr Nangor aux études bibliques et aux cours de base ayant abouti à son baptême. Le Dr Nangor et son épouse veillaient à ce que leurs protégés non-chrétiens et leurs enfants acceptent le Seigneur. Mais ceux qui étaient récalcitrants et refusaient la discipline étaient logés par ses soins hors de la concession familiale. Cependant, ils venaient à la maison prendre chaque jour le repas avec les autres. Pour Louise, la famille Nangor l'avait tellement intégrée qu'à la maison, elle mangeait à table avec eux et voyageait aussi avec eux. Ils avaient été des parents pour elle, au point où leur fille Bérénice l'avait prise pour une sœur de son père et pensé que Louise était sa tante Abey. Louise trouve que le Dr Nangor était parmi les hospitaliers de son époque. Elle précise :

> Moi, je travaillais, mais cela ne l'avait pas empêché de me recevoir chez lui. Il recevait aussi d'autres élèves en plus des gens de son village. Nous étions nombreux chez lui. En dehors de ses enfants, nous étions plus de dix. Il y en avait qui venaient manger et qui ne dormaient pas à la maison. Ceux qui y résidaient comme moi partageaient avec les hôtes leur quotidien. Il y avait d'autres personnes qu'ils accueillaient dans leur maison. Le Dr Nangor disait que « pour être hospitalier, on n'a pas besoin de l'avis des gens ; il faut tout simplement

l'accepter ». Et sa femme partageait cette vision du sens de l'hospitalité selon Abraham. Ce qui revient à dire qu'il ne faut pas abandonner le visiteur et aller demander une permission : si Abraham l'avait fait, il n'aurait pas accueilli les anges qui étaient venus de manière ordinaire le visiter. Je me réjouis d'avoir gardé de bons rapports avec la famille.

À Man, où Louise travaillait, elle partait les voir comme ses parents spirituels. Elle dit avec reconnaissance que jusqu'à la mort du Dr Nangor, sa vie l'avait enseignée et enseigné plusieurs autres personnes. Elle ajoute avec fierté :

> Lui et son épouse étaient des parents que Dieu m'avait donnés. Un jour de sa maladie, j'avais appelé pour avoir de leurs nouvelles. Ayant entendu ma voix, il me fit dire par sa femme : « Viens avec ton mari nous dire au revoir ; je vais lui parler pour la dernière fois. »

Certes, Louise a passé un an avec eux, mais elle souligne qu'elle a été fascinée par l'amour du Dr Nangor pour Dieu et sans distinction pour son prochain. Très gai à la maison, il racontait des blagues à ses enfants. Il reprenait parfois cette phrase avec un ton d'humour dont il en avait lui seul le secret, et avec un accent particulièrement teinté de la langue de sa région d'origine : « Nous sommes de la commune, il n'y a rien en notre faveur. » Il fit remarquer que cette phrase était ainsi reprise par les ressortissants de la région qui ne maîtrisaient pas le français : « Nous sommes cacommune, rien ka faveur. » Il racontait des histoires drôles de ce genre et toute la famille en riait. Il maniait aussi habilement que possible l'arme de l'humour, même dans l'interaction avec les Écritures.

L'interaction avec les Écritures

L'homme aimait étudier la Bible. Il la pratiquait également dans sa famille et même en dehors. Il vivait quotidiennement ce texte de l'Ancien Testament :

> Écoute, Israël ! l'Éternel, notre Dieu, est le seul Éternel. Tu aimeras l'Éternel, ton Dieu, de tout ton cœur, de toute ton âme et de toute ta force. Et ces commandements, que je te donne aujourd'hui, seront dans ton cœur. Tu les inculqueras à tes enfants, et tu en parleras quand tu seras dans ta maison, quand tu iras en voyage, quand tu te coucheras et quand tu te lèveras.

> Tu les lieras comme un signe sur tes mains, et ils seront comme
> des fronteaux entre tes yeux. Tu les écriras sur les poteaux de
> ta maison et sur tes portes. (Dt 6.4-9, LSG)

Le Dr Nangor aimait vraiment l'Éternel de tout son cœur, de toute son âme et de toute sa force. Il méditait et étudiait la Parole de Dieu et transmettait cette passion autour de lui. Il avait aussi compris qu'il devait, par obéissance à la Parole de Dieu, la transmettre à ses propres enfants et à tous ceux qui étaient sous son toit.

Les souvenirs de son attachement à Dieu nous font penser à ce verset dans le quotidien du Dr Nangor. Il connaissait par cœur des textes bibliques en entier et les vers des chants chrétiens qu'il chérissait énormément. Pour lui, les nouvelles chansons dans nos Églises tout comme les paroles chantées sont généralement truffées de fautes et même dénudées de sens. Il était prêt à corriger tel chant ou à remettre tel verset dans son contexte afin de bien expliquer et d'en tirer des applications correspondantes.

En effet, il aimait les chants classiques provenant du recueil *Sur les ailes de la foi* (SAF) ou du recueil de chants des GBUAF *Louanges à Dieu*. Par exemple, étant sur son lit de malade, lorsque nous étions allés le visiter, il avait corrigé certaines erreurs que nous faisions dans les chansons chrétiennes et dans les chansons populaires apprises à l'école primaire que nous ignorions. Nous terminions ces échanges sur les cantiques, notamment avec le cantique au n° 336 de SAF : « Mon cœur joyeux plein d'espérance, s'élève en toi mon rédempteur. » Il chantait la dernière strophe en s'appropriant le contenu tout aussi plein d'espérance :

> Je vois ainsi venir le terme
>
> De mon voyage en ces bas lieux,
>
> Et j'ai l'attente vive et ferme
>
> Du saint héritage des cieux :
>
> Sur moi si la tombe se ferme,
>
> J'en sortirai tout glorieux.

Les Églises parlent de moins en moins de cette espérance chrétienne, fondement de sa foi même dans la souffrance, à cause des projets à réaliser ou de la peur de la mort semée par la chasse permanente des démons dans la vie des chrétiens. Je crois que les chrétiens devraient s'approprier l'espérance chrétienne et la distiller autour d'eux, afin de désacraliser la mort et contaminer les gens par leur espérance.

Le Dr Nangor ne s'était jamais éloigné du mouvement national et régional où il avait assumé de nombreuses responsabilités. Il y était toujours resté quelles que soient les générations ou les époques. Il encourageait ses pairs en-dedans et en-dehors à revenir aux Écritures et à interagir profondément avec elles. Il aimait la rigueur comme outil d'enseignement.

La rigueur comme outil d'enseignement

Le Dr Nangor était un homme très rigoureux dans le travail. Il aimait le travail bien fait. Même dans les liens de la maladie, lorsque nous chantions des cantiques, il veillait à ce que les vers soient strictement respectés. Il nous reprenait les vrais couplets de chants écorchés par l'usage populaire. Au niveau de son travail, par exemple, s'il arrivait au travail à 9 h, il veillait à recevoir tous les patients qui l'attendaient avant d'arrêter le travail. Pendant son service, lorsqu'un de ses parents ou même un de ses enfants malades arrivaient à son service, ce patient devrait suivre l'ordre de passage du premier au dernier venu. Il ne supportait pas la médiocrité ; et cette rigueur était telle qu'il ne partageait pas l'avis de certains pasteurs. Il était très franc et il disait avec fermeté la vérité. Ce caractère lui avait valu d'être rejeté à un moment donné. Au cours d'une étude biblique qu'il animait, une des participantes parlait avec assez de circonspection de sa rigueur et du respect de l'œuvre dans le management de ce groupe d'étude biblique.

Une des dames qui participaient activement aux séances d'étude biblique que le Dr Nangor animait à Dabou me raconta cette histoire :

> Lors d'une étude biblique qu'il animait un jour, le Dr Nangor posa une question à laquelle je répondis sans être interrogée. Il me dit sèchement : « Je ne t'ai pas interrogée. » Ouais, ce fut une grosse humiliation pour moi. Suite à cette honte publique, je me retirai discrètement du groupe, afin de ne plus essuyer d'autres frustrations en public. Ayant constaté mon absence, le Dr Nangor et son équipe programmèrent une étude biblique chez moi. Arrivés à notre domicile, l'un des responsables vint me faire un câlin ; le Dr Nangor le fit aussi. Je compris ce que cela signifiait pour le groupe et pour moi-même. Je retournai

calmement au lieu habituel, c'est-à-dire dans sa clinique, pour continuer mon apprentissage en étude biblique comme auparavant.

Cette dame s'était retirée un moment parce que la rigueur de son maître l'avait froissée. Elle pensa qu'il n'accordait pas du prix au respect d'autrui.

Le Dr Nangor faisait souvent des critiques franches et constructives. Par exemple, à un séminaire de couples qu'il animait un jour, il apostropha un homme sur le fait qu'il ne cherchait pas à construire malgré le nombre élevé de ses enfants. C'est une réalité sociale qui interpelle tout bon parent. En indexant ce dernier, il s'adressait par la même occasion à tous les parents présents à cette rencontre. Il aimait parfois secouer le cocotier pour attirer l'attention et réveiller les esprits. Il ne manquait pas de proposer des pistes de réflexion à travers les messages aux mariages.

Les messages aux mariages

Au-delà de sa maîtrise des méthodes de préparation et d'animation des études bibliques, le Dr Nangor était aussi un grand prédicateur déniché par certains de ces filleuls. Il eut la grâce de prêcher à des cultes de même qu'à des mariages comme celui de la fille de son ami et frère Atoungbré. Son message tournait autour de la relation des mariés avec leurs belles-familles et le rôle à jouer par chaque conjoint dans le mariage. Pour lui, la femme ou l'homme doit traiter ses beaux-parents comme ses propres parents, avec beaucoup de respect et de considération : acheter par exemple à son beau-père ou à sa belle-mère ce qu'on aurait voulu acheter pour ses propres parents dans le but de les honorer. Même s'ils ont des points de vue différents de ce que nous avons appris dans notre famille, nous devons rester dans notre position de respect à leur égard dans le Seigneur. Cette approche s'inscrit en faux contre des messages populaires aux mariages sous nos cieux, surtout quand des prédicateurs encouragent les mariés à rompre avec pères et mères. Ces messages sèment la confusion et portent les germes de la rupture littérale entre mariés et belles-familles.

Parlant des relations entre conjoints, il insistait sur le fait que l'homme est le chef de la famille, quelle que soit sa position dans la société ou sa capacité financière. Il doit être à mesure de jouer pleinement ce rôle et sa femme lui doit le respect voulu par le Seigneur. Le Dr Nangor suggère, par exemple, que le mari qui va en voyage et qui ramène des provisions à la maison, ne les considère pas comme une partie de l'argent du marché qu'il a l'habitude de donner à sa femme. Ces provisions viennent comme un bonus et participe du maintien de la paix dans le foyer, car la femme n'aime pas qu'on la prive de bonnes habitudes. La femme doit, de son côté, traiter son époux avec respect et révérence quelle que soit sa situation sociale.

C'est fort de ces meilleurs souvenirs que nous gardons du Dr Nangor que nous lui rendons notre hommage appuyé en quelques mots.

L'hommage des GBUCI aux obsèques

Nous étions allés le saluer deux fois sur son lit de malade. Il était gai malgré la maladie. Il faisait assez de blagues au point où il nous communiqua son espérance, nous qui étions tristes en allant le saluer.

Nous, GBUCI, vivons des moments douloureux du fait de la disparition d'un homme qui nous était si cher. Mais c'est après tout un instant de célébration en mémoire d'un héros de la foi, d'un homme qui avait voué toute sa vie au Seigneur. Il avait servi l'Église et avait été un instrument de Dieu pour le monde intellectuel, à travers plusieurs organisations chrétiennes en général, les Groupes bibliques universitaires (GBU) en particulier. Et, c'est à ce dernier titre que nous voulons relater un pan de sa vie :

> Dès son arrivée à l'Université d'Abidjan dans les années 1970, en faculté de médecine, l'étudiant Vincent Nangor entra au GBU d'Abidjan qui était encore au stade embryonnaire.

> Depuis ce temps, il avait occupé deux postes de responsabilité au plus haut niveau des GBU :

- Président du comité exécutif des Groupes bibliques universitaires d'Afrique francophone (GBUAF) de 1992 à 2002 ;
- Vice-président honoraire de l'Union internationale des groupes bibliques universitaires (UIGBU/IFES) de 2019 à sa mort le 6 décembre 2022.

Que le Seigneur nous console tous et qu'il nous donne à tous, famille biologique, spirituelle et professionnelle, de suivre le modèle qu'il a laissé et le Dieu qu'il a servi toute sa vie durant !

Les GBU de Côte d'Ivoire et toute l'Afrique francophone retiennent du Dr Nangor un homme passionné de Dieu et du ministère auprès du monde intellectuel, un étudiant infatigable de la Parole. Il était un intellectuel chrétien africain au vrai sens du terme. La plupart des gens qui l'écoutaient pensaient être plus en présence d'un littéraire qu'un médecin. Ces différentes prises de parole dans les rencontres nationales et internationales des GBU n'ont laissé personne indifférent. Comme par amusement, les copies de son discours prononcé à la cérémonie d'ouverture du triennal de 1999 à Cotonou (Bénin) et de 2002 à Bamako (Mali) furent arrachées comme de petits pains vendus à la sauvette.

Notre prière est que le Seigneur multiplie des Nangor dans la famille des GBU ; des personnes audacieuses, pleines de vie et dont l'engagement pour le Seigneur n'est entaché d'aucune faille ; des hommes justes prêts à réfuter toutes idées non bibliques dans les milieux chrétiens ; ces hérésies qui s'embourbent de plus en plus dans la déification des « hommes de Dieu ».

Geneviève Guéi
Docteure en culture de la paix
Secrétaire itinérante chargée de la promotion du leadership
féminin dans le ministère (bénévole au GBUAF)
Membre du Staff du GBU chargée du ministère parmi les couples
Côte d'Ivoire

DES RENCONTRES PROVIDENTIELLES ET STRATÉGIQUES

De la même manière que Dieu ajoutait chaque jour à l'Église ceux qui étaient sauvés (Ac 2.47), il nous fait faire la rencontre des frères et sœurs sauvés, faisant partie du corps de Christ dans le monde, pour l'œuvre du ministère. Ainsi, dans sa providence et sa souveraineté, Dieu a placé devant moi le Dr Nangor pour le ministère parmi les étudiants.

C'était en septembre 2019 que le Dr Nangor et moi, nous nous sommes séparés à la panafricaine de Cotonou (Bénin), après une longue marche ensemble dans le ministère. Cette marche a débuté en juillet 1981 au camp biblique de Bingerville (Côte d'Ivoire). Je me rappelle des quatre lieux de rencontre où nous avons servi notre Seigneur parmi les jeunes.

Lieux de rencontre et de service

La première rencontre était à Bingerville (Côte d'Ivoire), où nous avons fait connaissance. Je le revois encore parler aux jeunes à côté de monsieur Gnalega Jérémie. J'avais déjà fait la connaissance de monsieur Gnalega un an auparavant, à la rencontre des « Responsables des Églises d'Afrique francophone » à Chapoulie (Côte d'Ivoire), en 1980. Monsieur Gnaléga Jérémie (1935-2004) et le Dr Nangor m'étaient familiers bien avant de les rencontrer, car le pasteur Daïdanso (1944-2014) nous parlait d'eux au Tchad comme des personnes influentes dans les GBUAF. C'était aussi l'occasion de retrouvailles avec d'autres Tchadiens comme les Dr Moussanang Gabriel, Bourdanné Daniel et Batakao Grégoire, les défunts frères Djikoloum Magourna, Mbaïman Békoutou et autres compatriotes.

La deuxième rencontre de ministère était à Bouaké (Côte d'Ivoire) en 2000, où j'ai été invité par le secrétaire régional des GBUAF à l'époque, le Dr Bourdanné, pour les exposés bibliques aux secrétaires généraux de la famille francophone. J'ai enseigné sur le discours de Paul aux anciens d'Éphèse dans Actes 20.17-38. En prenant les secrétaires généraux comme les anciens d'Éphèse que l'apôtre Paul interpellait à paître le troupeau de Dieu (les chrétiens), j'ai encouragé ces derniers à s'approprier les recommandations de Paul pour instruire les étudiants à la connaissance du Seigneur et à l'obéissance à lui. À la fin de trois jours d'enseignement, j'ai invité toute l'assemblée à s'agenouiller pour se consacrer de nouveau au ministère parmi les étudiants. Je revois le Dr Nangor, le premier à s'agenouiller à côté de moi, pour qu'à deux, nous puissions prier tour à tour pour les secrétaires généraux, les recommandant à la grâce de Dieu à l'exemple de l'apôtre Paul qui, à la fin de son discours dans Actes 20.36, « s'est mis à genoux et a prié avec eux tous » (Segond 21).

La troisième rencontre est celle de la panafricaine des GBUAF à Lomé (Togo) en 2013. Le Dr Nangor et moi avions partagé respectivement la conférence et l'exposé biblique sur le thème général : « Servir les desseins de Dieu. » Le moment mémorable de cette panafricaine est que, profitant de la journée libre pour les visites, j'ai invité les responsables des GBU de différents pays et mes vielles connaissances à un restaurant au bord de la mer, pour un temps spécial de recommandation et d'encouragement, afin qu'ils poursuivent avec détermination le noble ministère parmi les étudiants. Une sorte de passage de bâton d'un aîné aux plus jeunes, à la place et en mémoire du pasteur Daïdanso déjà promu à la gloire céleste. À la fin de mes paroles d'encouragement, c'est le Dr Nangor qui a invité plusieurs des jeunes leaders à m'entourer et à prier pour moi. Un moment improvisé et solennel, car je ne m'y attendais pas. Les images prises ce jour montrent à plusieurs endroits le Dr Nangor, dans sa chemise simple, appelée « safari », que ceux qui traversent le désert portent.

La quatrième et dernière rencontre est celle de la panafricaine cinquantenaire à Cotonou (Bénin) en 2019. Au bout de ces 28 années de marche à la faveur des enseignements au sein des GBUAF, nos jeunes frères nous ont honorés, avec les autres aînés de notre âge, par des trophées dénommés « Le soleil de Gabaon ». Je me rappelle de trois images qui me sont restées vivantes ce jour comme si c'était hier : quand nous étions debout, l'un à côté de l'autre, face à nos jeunes frères et sœurs qui assument la relève au sein du mouvement, pour recevoir avec reconnaissance ces trophées. De retour sur nos chaises, je revois encore le Dr Nangor se pencher vers moi pour me demander : « Abel, dis-moi le passage où il est fait mention du "soleil de Gabaon". » Enfin, une dernière image : notre photo de famille devant l'hôtel avant de nous séparer, avec le souhait (une prière) de nous retrouver très prochainement. Le Dr Nangor me lança un dernier appel : « Abel, prochainement tu viendras avec ton épouse. » Quand j'ai reçu la nouvelle de sa promotion à la gloire éternelle, j'ai compris que ce rendez-vous avec nos épouses n'aura plus lieu sur cette terre.

Il y a eu des lieux de rencontre et de service, mais aussi des moments charnières. Les quatre rencontres relevées ci-dessus sont aussi marquées par quatre moments charnières d'activités. Un « moment charnière » est un « moment qui marque un tournant[56] ». Je choisis le terme « moment » au lieu de « temps » avec ses nuances[57] pour exprimer au moins quatre points précis de changements qui ont marqué un tournant dans notre parcours : passage de témoin, au revoir, au repos, et adieu.

Passage de témoin

Le moment de « passer le témoin » s'inscrit dans une sorte de course de relais dans le ministère où un coureur de l'équipe passe le témoin à un autre. Le Dr Nangor, entre-temps comme président du comité exécutif des GBUAF, avait soit participé, soit assisté à plusieurs passages de bâton à des « moments charnières » du mouvement.

En effet, le ministère ressemble fort bien à cette course de relais. Un moment important qui exige à la fois une attitude et une aptitude de celui qui passe le témoin et celui qui le reçoit. Tout un symbole riche en valeurs spirituelles à discerner. Dans le ministère, des personnes ou des générations se succèdent en passant le témoin aux autres qui doivent continuer l'œuvre du Seigneur. Cette succession intervient souvent dans différents contextes occasionnés soit par la maladie, l'âge, l'incapacité spirituelle d'exercer le ministère, la mort ou simplement le moment approprié de confier la charge à une nouvelle génération. Pour les GBUAF, le moment approprié pour le passage de bâton à une nouvelle équipe ou génération fait partie du mouvement. Le Dr Nangor et moi avions eu la joie de voir trois remarquables successions dans le ministère des GBUAF : celle des Dr Bourdanné, Ahoga et Klaingar. Laissant de côté le Dr Bourdanné qui a su rassembler autour de lui la

---

[56] L'internaute, « moment charnière », https://www.linternaute.fr/expression/langue-francaise/13840/moment-charniere/, consulté le 29 avril 2025.
[57] Le temps approprié ou le temps chronologique.

nouvelle génération des responsables, pour les préparer à sa propre relève et leur transmettre ce qu'il a reçu des ainés, je dois dire un mot au sujet des deux derniers, pour exprimer ma joie en voyant la souveraineté de Dieu s'accomplir sous le leadership du Dr Nangor, à la fois comme président et conseiller de ces jeunes.

J'ai rencontré pour la première fois mon jeune frère, le Dr Augustin Ahoga, à la formation des formateurs à l'étude biblique organisée par le pasteur Barka en 2003 à Niamey (Niger). Mon épouse et moi avions enseigné les méthodes de structuration des textes bibliques. Je l'ai perdu de vue pendant plusieurs années. Mais je savais qu'il était très actif dans le GBU du Bénin. Quand le « moment charnière » est arrivé, c'est le Dr Ahoga qui a succédé au Dr Bourdanné. Le Dr Nangor et moi avions servi, sous son leadership, en donnant des enseignements et des conférences à la panafricaine de 2013 à Lomé (Togo) comme mentionné ci-dessus. Plus encore, il a réalisé la publication du premier livre de référence, *Du temple à la cité, Quand l'Église africaine pense le développement* (PBA, 2018) qu'il m'a fait l'honneur de préfacer.

Aussi, quand le « moment charnière » est arrivé, c'est le Dr Ngarial Klaingar qui a succédé au Dr Ahoga à la célébration du cinquantenaire des GBUAF lors de la panafricaine de Cotonou (Bénin) en 2019. J'ai rencontré pour la première fois mon jeune frère, le Dr Klaingar à Bouaké (Côte d'Ivoire) en 2000. Il est l'un de ces jeunes tchadiens très actifs au sein des GBUAF dans les différentes universités d'Afrique de l'Ouest. Il était responsable de GBU au Mali où il a terminé ses études de médecine. Il cherchait à découvrir la volonté de Dieu pour savoir dans quel domaine servir son Seigneur. J'ai eu un temps de partage avec lui, je lui ai donné quelques conseils et j'ai prié avec lui. Comme déjà mentionné, le Dr Nangor et moi avions prié pour les secrétaires, dont le Dr Klaingar, pour leur ministère parmi les étudiants.

Ces successions se sont déroulées dans l'accompagnement du Dr Nangor avec plusieurs des aînés. Il y a bien des leçons à apprendre. En effet, le « passage de témoin » s'apparente à la délégation, à la succession, à la relève, etc. Du 5 au 7 août 2012, une Amicale des leaders francophones s'est réunie à Abidjan (Côte d'Ivoire), sous la direction du professeur Tite Tiénou, pour parler, entre autres, de la préparation à la relève. Les participants se sont posé une série de questions : qu'est-ce qu'on transmet aux enfants à la vieillesse ou à la nouvelle génération des jeunes leaders le moment venu ? Quelle est la nature de ce « bâton » que l'on transmet dans cette course de relais, c'est-à-dire le ministère ? Dans une de leurs résolutions, ils ont fait cette observation :

> [...] La relève est une notion importante pour les leaders. C'est une question très sensible en Afrique en général et en Afrique francophone en particulier. Elle est souvent évitée, pourtant elle est importante pour nous en tant que serviteurs de Dieu. Elle ne concerne pas que ceux qui passent le bâton, mais aussi ceux qui le reçoivent. Elle vise la continuité de la vision et de la mission institutionnelle, mais elle est aussi innovatrice. En Afrique, la relève s'oppose au mandat à vie.

Le professeur Tiénou, qui dirigeait la rencontre, disait : « [...] mourir avant 70 ans n'est pas une malédiction. Ce qui importe plutôt est de bien servir Dieu et laisser la manche à une autre personne... nous ne serons des pères spirituels que si la splendeur du Seigneur se transmet de père en fils. »

Deux exemples bibliques à noter : au sujet du patriarche David, quand les temps sont accomplis entre l'ancienne alliance et la nouvelle par Jésus-Christ, il est dit de David, « qu'après avoir en son temps servi au dessein de Dieu, est mort, a été réuni à ses pères, et a vu la corruption » (Ac 13.36, LSG). À la nouvelle génération il est déclaré : « La promesse est pour vous et pour vos enfants et pour tous ceux qui sont au loin, en aussi grand nombre que le Seigneur notre Dieu les appellera » (Ac 2.39, LSG). Une génération passe et une autre lui succède en poursuivant le même but.

En prenant en compte les exemples de David (ancienne alliance) et de Paul (nouvelle alliance), il n'y a pas de meilleur exemple de « passage de témoin » que celui de Jésus faisant charnière entre David et Paul. En effet, Jésus, dans Jean 16, 17 et 21, articule trois grands moments de « passage de témoin » ou relève : les épreuves et le courage de continuation de l'œuvre sont basés sur la victoire de Jésus (Jn 16.33) ; la prière qui accompagne les disciples qui continueront l'œuvre (Jn 17) ; « aimer Jésus » est l'examen final pour être à la hauteur de la tâche pastorale (Jn 21).

Au revoir : jusqu'au prochain rendez-vous

L'au revoir arrive à un point spécifique de notre ministère avec possibilité de nous revoir dans d'autres aspects du ministère. Il est synonyme de « à la prochaine, à plus... » C'est en fait une prière pour demander à Dieu de rendre possible une prochaine retrouvaille. Le Dr Nangor et moi, nous nous sommes plusieurs fois dit des « au revoir » dans notre parcours. Des au revoir dans les séparations plus de quatre fois lors des grandes rencontres (Bingerville, Bouaké, Lomé, et Cotonou). Le Seigneur nous a toujours permis de nous revoir après ces rencontres. C'est à Cotonou que nous nous sommes dit adieu pour la dernière fois.

Au repos : je sers de libation

Le repos marque un moment d'arrêt, un moment de « se retirer ou d'être retraité avec activités réduites ». Ce moment intermédiaire où les activités sont réduites et l'appréhension de la mort devient évidente offre malgré tout une occasion favorable pour se focaliser sur ce qui est essentiel dans la vie et dans le ministère. Servir de « libation » s'inscrit dans ce « moment charnière » de l'appréhension d'une mort imminente qui peut arriver brusquement, n'importe quand et n'importe où.

De son vivant, et au repos, l'apôtre Pierre a laissé ses épîtres pleines d'avertissements et d'enseignements, qui sont parvenues jusqu'à nous aujourd'hui, pour notre affermissement. Le Dr Nangor avait ce souci de rassembler ses discours et enseignements dans un ouvrage pour la génération future. Cet ouvrage a pu être publié à titre posthume par les Presses de la FATEAC en 2023. Cet autre ouvrage qui est une série de témoignages de ceux et celles qui ont reçu ses divers enseignements, renforce le recueil de ses messages ainsi publiés.

Le Dr Nangor imitait aussi fort bien l'apôtre Paul qui exhortait avec larmes les responsables de l'Église d'Éphèse (Ac 20.19-36). C'est l'image du Dr Nangor qui me reste quand je le revois agenouillé à côté de moi, pour les prières finales que lui et moi prononcions en faveur des secrétaires généraux. Le désir du Dr Nangor est que les cœurs des secrétaires généraux soient à la hauteur de leurs responsabilités pastorales auprès des étudiants vivant leur foi dans un environnement hostile, afin qu'étant solidement enracinés en Christ, ils portent du fruit dans leur environnement et dans la société.

Adieu : jusqu'au jour du dernier rendez-vous

L'adieu est le « moment charnière » de séparation physique pour ne plus nous retrouver. L'adieu est, selon le dictionnaire Antidote, un « terme de civilité et d'amitié dont on se sert en prenant congé de quelqu'un qu'on ne reverra plus pendant une longue période, si ce n'est jamais. » Le Dr Nangor s'en est allé alors que je nourrissais le projet de le revoir à une prochaine panafricaine des GBUAF.

Paul a fait un discours d'au revoir à l'endroit de ses collègues pasteurs d'Éphèse, en disant : « Vous ne verrez plus mon visage, vous tous au milieu desquels j'ai passé en prêchant le royaume de Dieu » (Ac 20.25, LSG). Le chant « Jésus soit avec vous à jamais » n° 286 des *Chants de Victoire* (surtout le refrain) est approprié en pareille circonstance. Je cite la première et la dernière strophe, et le refrain :

> Jésus soit avec vous à jamais,
> Vous guidant avec sagesse,
> Vous entourant de tendresse,
> Vous remplissant toujours de sa paix !

> *Refrain :*
>
> > Avec vous toujours, avec vous !
> > Oui, qu'il soit tous les jours avec vous !
> > Avec vous toujours, avec vous
> > Jusqu'au jour du dernier rendez-vous !

> Enfin, dans le dernier des combats,
> Pour échanger cette terre
> Contre la maison du Père,
> Que Jésus vous porte dans ses bras !

Dans la perspective de l'éternité pour une joie débordante, le Maître de la moisson que le Dr Nangor avait servi avec fidélité l'a accueilli par cette parole : « C'est bien, bon et fidèle serviteur ; tu as été fidèle en peu de choses, je te confierai beaucoup. Viens partager la joie de ton Maître » (Mt 25.21, Segond 21).

Dans cette heureuse perspective, la mort de l'un des « soldats de Jésus-Christ » ne doit nullement ni paralyser de peur et de doute le reste encore vivant, ni arrêter leur détermination de continuer à combattre le « bon combat de la foi », en imitant l'apôtre Paul (2 Tm 4.6-7, LSG). Dans l'attente de ce jour glorieux des retrouvailles avec nos bien-aimés dans la présence du Seigneur où la mort ne sera plus, le Dr Nangor, comme l'apôtre Paul, rappelle à moi-même et à tous ceux et toutes celles qui l'ont écouté de son vivant, ces dernières recommandations :

> Donc, frères bien-aimés, restez fermes. Ne vous laissez pas ébranler, mais donnez-vous pleinement à l'œuvre du Christ à tout instant ; et sachez que, dans le Seigneur, votre peine n'est pas perdue. Demeurer fermes, inébranlables, travaillant de mieux en mieux à notre salut. (1 Co 15.58, BDP)

Dans l'attente du dernier rendez-vous, l'écho de la voix du Dr Nangor dans ses enseignements et dans nos causeries ne cessent de m'interpeller. Ceux et celles qui peuvent se souvenir d'une expérience quelconque avec le Dr Nangor sont autant interpellés par l'écho de ces expériences maintenant que notre frère n'est plus parmi nous physiquement.

Applique-toi à la lecture, L'intellectuel chrétien africain dans le dessein de Dieu (Les Presses de la FATEAC, 2023), titre donné à son livre publié à titre posthume, est l'une des meilleures exhortations que le Dr Nangor a laissée à la nouvelle génération, imitant ainsi l'apôtre Paul.

Abel Laondoye Ndjerareou
Théologien,
Ancien doyen de l'ESTES devenue FATES,
(Tchad) et de la FATEB (RCA)
Tchad

NANGOR, LE « MINABLE » !

Ce matin-là, dans mon bureau, absorbé par un dossier de préparation de la prochaine session 2015 du Centre africain du christianisme contemporain (CACC), mon téléphone portable se mit à sonner. Je ne savais pas où je l'avais mis exactement, soudainement sorti de mon absorption dudit dossier. Il m'a fallu quelques secondes pour retrouver mes repères et apercevoir le téléphone qui sonnait et vibrait, enfoui dans le cafouillis amoncelé sur mon bureau. Il m'a semblé ce matin-là que le téléphone sonnait plus fort que d'habitude. Sur l'écran, je pouvais lire une inscription très familière qui semblait s'être abonnée à mon téléphone depuis seulement quelques petites années : « Excellence. » C'était un appel du Dr Nangor.

Un appel du Dr Nangor

L'appel venait de lui. Du grand-frère Nangor. Depuis environ trois ans en effet, je me suis fait le plaisir de rebaptiser un de ses cinq numéros de téléphone par lesquels il pouvait m'appeler. Ce, en référence à son élévation au rang d'Ambassadeur des GBUAF en 2012 par le secrétariat régional de l'IFES pour l'Afrique Francophone de l'époque. Nangor était ainsi reconnu pour sa générosité et ses contributions tant intellectuelles que spirituelles, mais aussi et surtout financières à la vie de l'organisation régionale.

« Le grand Ngarial », me lança-t-il au bout du fil. Non sans ajouter avec un sourire que je sais toujours deviner à l'autre bout du fil, « au propre comme au figuré », pour dire au sens propre comme au sens figuré. Le grand frère Nangor aimait me taquiner de cette manière. Il me mettait ainsi à l'aise à ses côtés. Car, en réalité, j'étais souvent perplexe en face de lui et je n'arrivais pas à me déterminer en sa présence. J'ai, avec une légitimité certaine, toujours voulu avoir une distance avec lui, non seulement à cause du respect que sa personne inspirait, mais aussi de sa hauteur morale qui était plutôt d'une sommité vertigineuse. C'est aussi à cause de sa mémoire d'éléphant qui, toujours, frisait l'impertinence à vous suffoquer jusqu'à vous asphyxier de confusion, si vous ne vous teniez pas sur vos gardes. Une mémoire d'éléphant, doublée d'une perspicacité intellectuelle outrecuidante, aussi fine que lumineuse, qui ne manque jamais de chasser au loin tout habillage obscurantiste de ceux qui veulent se complaire dans la pénombre des atermoiements rédhibitoires du rationaliste béat, qui est en réalité incompatible avec une connaissance salvatrice, libératrice de la Parole vraie et vivante du Dieu vivant et vrai. Le Dr Nangor était certainement un admirable admiré !

Un admirable admiré

Nangor était admiré par beaucoup pour son intelligence. Coutumier des réflexions surprenantes sur les textes bibliques, il en tirait souvent des applications inopinées qui frappaient par leur réalisme et leur logique spirituelle. Il m'est arrivé plus d'une fois de me poser cette question : « Comment a-t-il pu comprendre ça de cette manière ? » Il est clair pour moi que s'il avait poussé plus loin la maîtrise et l'appropriation des disciplines théologiques, les GBUAF et avec eux l'Afrique auraient probablement eu en lui un exégète hors-pair. Calme et lucide, il avait une capacité de faire des analyses fines des situations inextricables qui m'ont toujours fasciné et ont forcé du même coup mon admiration. Il était aussi admiré pour sa générosité. J'en veux pour preuve une offre qu'il fit aux GBUAF, une offre alléchante, inattendue !

Une offre alléchante, inattendue

« Est-ce que les GBUAF peuvent accepter d'avoir un terrain hors d'Abidjan ? » continua-t-il en me questionnant. L'espace de quelques secondes, j'étais perdu. Je ne comprenais pas. En fait, je ne le comprenais pas. Les balbutiements, presqu'inaudibles et incompréhensibles qui, de mes lèvres, parvinrent à ses oreilles, ont dû trahir mon état d'esprit perturbé par la question qu'il venait de me poser. Il s'était alors cru obligé d'ajouter : « Si oui, j'ai un terrain d'un hectare que je veux leur offrir, mais c'est dans mon village natal. » Sur le moment, il m'a semblé que les murs, le toit, le sol et les meubles du bureau s'étaient subitement enfuis au loin, me laissant comme suspendu dans le vide, car même le fauteuil sur lequel j'étais assis semblait se liquéfier littéralement en dessous de ce qu'il convient d'appeler, à cet instant précis, une masse faite de chair et d'os ratatinée et dépourvue de la moindre trace de nerf. Dans la série du roman policier SAS[58], avec comme personnage principal le célèbre prince d'Autriche Malko, Gérard de Villiers écrirait : « Un ange passa ! » Moi, je dirais : « Un projet prend forme ! »

Un projet prend forme

J'étais donc resté interdit. Je cherchais des mots. Des mots justes pour à la fois m'exclamer devant cette annonce qui avait tout l'air d'une révélation, et pour ne pas vite aller en besogne, en laissant sourdre une idée de projet encore en maturation, connue seulement du secrétaire régional des GBUAF de l'époque, Augustin Cossi Ahoga et de moi-même, en dehors de Daniel Bourdanné et de Tim Adams, tous deux au siège de l'IFES à Oxford. Quelques mois plus tôt en effet, à l'initiative de Daniel Bourdanné, alors secrétaire général de l'IFES, Augustin Cossi Ahoga, le secrétaire régional de l'IFES pour l'Afrique francophone, et moi-même, en tant que directeur du CACC, devions nous rendre à Oxford, au siège de l'IFES, pour discuter de l'utilisation d'une donation importante d'un partenaire financier. Avec l'assistance de David Acierno, directeur de l'IFES/USA, et de Tim Adams, chef des opérations au Centre international de service (CIS) de l'IFES au bureau d'Oxford, nous devions établir une carte de besoins stratégiques de la région et déterminer ensuite de quelle manière efficace ce don pourrait être utilisé pour satisfaire ces besoins identifiés. Parmi les axes de financement retenus, il y avait l'étude de faisabilité de construction des locaux du Centre africain du christianisme contemporain (CACC). Augustin et moi, réfléchissant à la réalisation de cette étude de faisabilité, étions particulièrement accrochés par la réponse à trouver à la question : « Où est-ce que ce centre doit être construit ? » La réponse allait venir d'un cœur généreux et sensible.

Un cœur généreux et sensible

Quelques mois plus tôt, avant même que nous ne recevions l'offre de ce si généreux donateur, Augustin et moi, suite aux difficultés des deux dernières années où le CACC était devenu une structure SDF[59], avions commencé à faire des explorations pour trouver une propriété bâtie ou non bâtie à acheter. Avec quel argent ? Nous n'en savions rien.

---

[58] Son altesse sérénissime.
[59] Sans domicile fixe.

Lorsqu'un terrain nous avait été proposé à la sortie nord de Bingerville, j'avais fait appel au grand frère Nangor pour qu'il nous accompagne pour explorer le terrain en question. Il me semble que son cœur, que beaucoup s'accordent à reconnaître comme étant assez sensible, ait été touché dès ce moment. Je n'exagère rien en supposant qu'il avait même dû perdre le sommeil quand il avait appris que le terrain ne pouvait pas nous être cédé, surtout en sachant que même si les propriétaires avaient été disposés à nous le céder, nous n'avions même pas un sou à cet instant précis pour une quelconque tractation.

Il m'appela donc et me fit cette proposition que j'étais loin d'imaginer. Ayant pu rassembler mes esprits, je lui ai fait à peu près cette réponse : « Excellence, donne-moi quelques minutes pour en parler immédiatement avec Augustin et te revenir. » Il faut dire que le Dr Nangor n'était pas à sa première offre spectaculaire aux GBUAF. Quatre ou cinq années auparavant, il m'avait fait venir à Dabou, une ville située à environ 50 km d'Abidjan. Dabou était sa ville de résidence où il détenait un centre médical Sarepta. C'était là qu'il m'avait reçu. Au détour d'un de ces sujets banals que nous avions l'habitude d'évoquer, il me coupa le souffle instantanément par une annonce à laquelle je ne m'attendais pas du tout : « Ngarial, je vais arrêter ce que je fais. La gestion du centre médical me fatigue. Je veux faire autre chose. » J'avais les yeux exorbités. Mais je n'en étais qu'au début de ma surprise. « À mon âge, je veux consacrer mon temps à la lecture et à l'écriture. » C'est formidable ça, constatais-je intérieurement. Se donner du temps pour lire et écrire, venant de Nangor, ne m'avait pas du tout étonné. Mais qu'ai-je à faire là-dedans ? La réponse ne tarda pas. « Je veux céder le centre médical aux GBUAF », disait-il, sans sourciller. « Un ange passa », dixit Gérard de Villiers. Je n'en croyais pas mes oreilles. Surtout, je n'y comprenais rien. Nous avions continué d'échanger ce jour et les jours suivants. Tous les aspects factuels et théoriques de cette offre aussi insolite qu'insondable, les considérations managériales et familiales, les implications sociales, financières, économiques y passèrent. Le secrétaire régional de l'IFES pour l'Afrique francophone de l'époque puis le secrétaire général de l'IFES à ce moment-là s'y impliquèrent. C'était avec beaucoup de douleur et de déception qu'il reçut la conclusion des entretiens et concertations, une conclusion qui n'était pas du tout de son goût. Mais il devait l'accepter. À présent, un coup d'œil historique est nécessaire.

Un coup d'œil historique

Ma première rencontre avec le grand frère Nangor remonte à 1992, au congrès triennal des GBUAF de Douala au Cameroun. J'étais alors leader étudiant et secrétaire général du bureau exécutif des Groupes bibliques des élèves et étudiants du Mali (GBEEM). Comme la plupart des personnes qui l'admiraient, j'avais été subjugué par son discours à la cérémonie de clôture de la rencontre. L'on se souviendra de cet extrait où, parlant des conditions difficiles et des ratés dans l'organisation dudit congrès, il avait lâché au détour d'une phrase :

> Sachez que le partage de votre remarquable bonne humeur nous a puissamment aidés à déglutir sans trop de peine le fameux *n'dolé* national dont l'amertume, difficilement contestable, rappelle les herbes amères des Israélites dont la consommation préludait à leur sortie d'Égypte vers une terre où coulaient le lait et le miel[60].

Dès lors, nos chemins ne se lâchèrent plus. Je ne serais pas loin de la vérité si j'affirmais ici que toutes les rencontres des GBUAF, de ce triennal de Douala en 1992 jusqu'à la panafricaine de Cotonou en 2019 – le dernier rassemblement d'envergure des GBUAF auquel il put prendre part – ont été des moments où mon admiration pour l'homme ne faisait que croître et mon attachement à lui de plus en plus serré. Il aimait me voir et j'aimais être en sa compagnie. En fait, le grand frère Nangor avait définitivement conquis mon estime lors de l'une des consultations biennales des secrétaires généraux des mouvements nationaux à l'époque où Daniel Bourdanné était le secrétaire général des GBUAF. Après avoir présenté mon rapport sur la vie du mouvement malien dont j'étais alors le secrétaire général, le Dr Nangor, en tant que président du comité exécutif de l'époque, fit à peu près cette observation : « Mais Klaingar, nous recevons de bons témoignages de ce qui se fait au Mali et nous en sommes encouragés. Mais quand toi-même tu en parles, tu es toujours lugubre. Pourquoi ? » Je m'étais alors dit : « Tiens, voilà quelqu'un qui valorise ce que nous faisons dans notre tout petit monde des Groupes bibliques des élèves et étudiants du Mali (GBEEM) ! » Par la suite, des situations de proximité m'ont davantage rapproché de lui et ont été des opportunités d'apprendre de lui et de dévisager l'homme : des fréquentes visites chez lui à domicile comme à sa clinique à l'issue

---

[60] Vincent Koutouan Nangor, « Le point de départ d'un leadership panafricain », Assise du 9e congrès triennal de Douala, Cameroun, 1992.

desquelles on ne se séparait que rarement sans avoir pris d'abord le repas ensemble, presque toujours à son initiative et sur son insistance ; des réflexions et discussions ordonnées ou à bâtons rompus dans divers moments de service aux GBUAF, comme lorsqu'il était président du comité consultatif du département GBUAF/SIDA ; un voyage Abidjan-Lomé-Abidjan pour la panafricaine de 2013 à Lomé dans ma voiture et en compagnie de ma famille, etc. Je m'en voudrais de ne pas citer les moments de difficultés dans le ministère au cours desquels je me jetais littéralement dans ses bras pour des orientations, de l'encouragement, des conseils divers depuis les premières heures de mon arrivée en Côte d'Ivoire en octobre 2002 en tant que secrétaire itinérant des GBUAF chargé du département développement, communication et GBUAF/ SIDA. De nombreux autres faits marquants ont également eu lieu un temps après l'offre providentielle du terrain.

Un temps après l'offre du terrain

Quelques mois après l'offre du terrain, le secrétaire régional, Augustin Cossi Ahoga, était en visite à Abidjan – je ne me souviens plus dans quel but. Nous avions profité de l'occasion pour aller à Ery Makoudjié 1, le village du Dr Nangor, pour, dans un certain sens, réceptionner officiellement le terrain promis. C'était un terrain plat d'un hectare, à l'extrémité nord du village, merveilleusement situé en bordure de la route, sur la voie qui relie Abidjan à Agboville. Après avoir fait à pied le tour du terrain, désormais cédé, le Dr Nangor nous a proposé d'aller faire le tour d'un autre terrain de deux hectares, situé beaucoup plus en profondeur à environ un kilomètre de là, dans le sens opposé de l'axe Abidjan-Agboville, toujours en bordure nord du village, à l'ouest du premier terrain. En chemin, il nous laissa entendre : « Vous pourrez ensuite faire le choix et d'ailleurs si vous voulez mon avis, je vous conseillerais celui-ci. » Et avec un discernement prémonitoire, il ajouta : « Car celui-ci est tout entier et depuis toujours sur le territoire d'Ery Makoudjié 1. » En effet, le premier, idéalement placé, beaucoup plus facile d'accès, un terrain plat et facilement maitrisable, est en fait un terrain qui, bien que situé directement au contact de la limite nord du territoire de son village était pourtant sur le territoire d'Ery Makoudjié 2. Il se l'était acheté seulement deux ou trois années plus tôt. Je comprendrais plus tard combien le conseil était sage et avisé, car finalement, et pour des raisons que nous ignorions, ce terrain devint litigieux et le tribunal devant lequel le litige a été porté s'est réservé le droit de trancher, enjoignant plutôt les notabilités des deux villages à régler leur différend à l'amiable. Nous terminâmes la visite des deux terrains par celle de son chantier dans son village, lequel jouxte aussi l'axe Abidjan-Agboville et est ainsi exactement situé sur l'alignement du premier terrain, celui qui est désormais la propriété des GBUAF. À la vue de ce chantier, un grand chantier, nous n'avions pu nous retenir de rêver à la maison qui serait construite sur ce terrain. Une fois achevée, la maison comporterait plus d'une dizaine de chambres qui pourraient servir de logement d'appoint aux pensionnaires du Centre africain du christianisme contemporain (CACC) pendant les sessions de formation, en cas de besoin et notamment lors des phases d'exécution du projet Jéribeth[61], encore en cours de conception.

Un projet d'envergure et d'avenir

Le grand frère Nangor, devrais-je le dire, avait pris à cœur le projet Jéribeth, plus qu'aucun d'entre nous. Il avait déployé pour cela un zèle que j'étais loin de deviner. Un zèle qui n'avait d'égal que son attachement indécrottable et invétéré au GBU et sa consécration enfantine au Dieu de son salut dont il transpirait la crainte et la soumission chaque seconde de sa vie. Je m'étais alors souvenu de cette cérémonie tout à fait originale qu'il fit organiser quatre ou cinq années plus tôt pour se faire consacrer au service de son Dieu. Du jamais vu ! Avez-vous jamais vu un homme, simple laïc de son église locale, médecin et directeur de sa propre clinique, prendre l'initiative, sous le seul jugement de sa conscience et de sa sensibilité à l'Esprit de Dieu, d'organiser une cérémonie religieuse en bonne et due forme, dans un espace publique, pour, dit-il, « demander à des leaders d'Églises de lui imposer leurs mains de consécration et se mettre ainsi, non pas à la disposition d'une communauté locale, mais du corps du Christ dans son ensemble et se dévouer ainsi à son Dieu, son Seigneur et son Sauveur » ? J'étais tout tremblant et les larmes aux yeux lors de cette impertinente et singulière cérémonie.

Comme preuve de son engagement pour le projet Jéribeth, si quelqu'un en doutait encore, durant des mois et souvent à son initiative, nous fîmes plus d'une quinzaine de fois l'axe Abidjan-Agboville, à partir de la sortie sud du troisième pont de Yopougon, lui, venant de Dabou et nous (en équipe), venant de la Riviera 3. Des dizaines

---

61 Le projet Jéribeth a été initié en 2014 en vue de la construction des locaux du CACC.

d'aller-retour sur ce trajet de 76 km dans le but de rencontrer diverses autorités et personnalités politiques, administratives, villageoises pour leur présenter le projet Jéribeth et avoir dans la mesure du possible leur adhésion, voire leurs contributions à ce projet. Le Dr Nangor tenait au bout des doigts les planches du projet qu'on avait fait imprimer en couleur, en format A3, les plans 3D avec une magnifique reliure en anneaux plastiques noirs. Il était fier de plaquer ce document sur la table devant les autorités que nous rencontrions et par un élan spontané qui échappait à son contrôle de soi, commençait toujours à faire tant bien que mal une lecture explicative des images avant de se rendre compte à un certain moment que des détails lui manquaient. Il se retournait alors immanquablement vers moi en disant presque invariablement : « Ngarial, mais explique donc, c'est toi qui connais. Ici, là, c'est quoi déjà ? » Ce qui m'arrachait souvent un sourire qui pouvait paraître narquois, mais qui était en réalité une admiration de cette passion dont débordait son cœur et qui faisait qu'il se fichait pas mal de se demander d'abord « est-ce que je connais tout le dossier », avant de se mettre à vouloir présenter la chose comme s'il en était un professionnel ! Nous étions comme engouffrés dans un va-et-vient interminable.

Un va-et-vient interminable

Ce faisant, je ne peux compter le nombre de fois que nous nous sommes rendus à la Marie d'Agboville dont quasiment tous les administrateurs semblent être de sa famille : qui son cousin, qui son neveu, qui son oncle, qui sa sœur et tous lui rendaient cette marque de respect, de familiarité qui ne trompait pas et qui confirmait ces relations.

« Où est un tel ? » ; « Est-ce que monsieur le maire est là ? » ; « Dites à un tel que je suis venu le manquer » ; « Un tel n'est plus ici ? » ; « Dites à un tel que je reviendrais le voir prochainement, etc. » Si, par moments, Nangor prenait le soin de faire précéder le nom d'une personne, d'une autorité par son titre, son grade, il avait plutôt pour habitude, à la mairie, de citer directement les prénoms. Et il avait une manière simple et familière de dire qui ferait bondir tout administrateur scrupuleux et sourcilleux des normes protocolaires. Pourtant, il importe de souligner que d'ordinaire et ailleurs, le Dr Nangor aimait respecter les usages protocolaires et normes administratives. Seulement, dans ces milieux que nous sillonnions avec lui, il n'y avait que des connaissances, de la famille, des amis, des collègues… D'ailleurs, il lui était impossible de sortir d'un bureau et d'entrer dans un autre sans d'abord s'arrêter à plusieurs reprises pour saluer des connaissances par-ci, prendre des nouvelles et des informations par-là, rigoler avec d'autres avant de frapper à la porte du bureau où il se rendait. Nous avions ainsi pu rencontrer le maire de l'époque, le colonel Ncho Acho Albert, deux fois de suite. C'était l'une des autorités qui, mieux que toute autre, avait manifesté un intérêt évident pour le projet Jéribeth, s'étant disposé à apporter tout son appui pour faciliter toute démarche administrative qui se ferait dans le domaine de compétence de son institution. Nous avions curieusement eu affaire à une scène identique à environ 3 km de là.

Une scène identique à 3 km environ

À l'identique de ce qui s'était fait à la mairie, nous avions expérimenté la même atmosphère, la même familiarité au conseil régional de l'Agnéby Tiassa, à environ 3 kilomètres de la mairie, à l'est de la ville sur la route du lycée Grand Montho, non loin de la place Bédié. Nous nous y étions rendus à deux ou trois reprises avec le grand frère Nangor. Mais je me souviendrais surtout de cette première fois où nous fumes reçus par une équipe avec à sa tête le 3ᵉ vice-président de l'institution, le professeur Ngbesso Daniel. Ce dernier, ébahi par le projet qui venait de lui être présenté, s'était littéralement exclamé d'admiration : « Mais c'est université que vous construisez là ! » Et on pouvait comprendre le parallèle qu'il fit car il est professeur en radiologie au Centre Hospitalier Universitaire de Yopougon. Il faut dire que cette admiration nous avait mis un baume au cœur et réconforté sur le chemin difficile dans lequel nous étions engagés avec ce projet. En fin opportuniste, le Dr Nangor sauta sur l'occasion pour glisser la requête que le conseil régional pourrait opportunément appuyer ce projet en l'aidant à disposer d'un espace suffisant et digne de ce nom, car le terrain sur lequel le projet est censé être réalisé n'est que d'un hectare, ce qui est loin d'être le standing d'une université. Or rien n'y fit. Ce fut un espoir visiblement déçu.

Un espoir visiblement déçu

Visiblement déçu de n'avoir pas reçu les promesses ou les engagements fermes qu'il espérait à l'issue de la plupart de ces visites, le Dr Nangor n'avait de cesse de lâcher, sur un ton ironique qu'on lui connaissait si bien, mais d'une voix à dessein à peine audible : « Ce sont des plaisantins, des minables. » Une expression fréquente sur ses lèvres qui, pour la circonstance, traduisait beaucoup plus son état d'âme qu'une qualification quelconque des honorables personnalités visitées, pour lesquelles il avait toujours manifesté un respect citoyen, voire religieux. J'ai vu le grand frère, pour la première fois, arborer une attitude physique et langagière magistrale de courtoisie citoyenne sans équivoque, un peu excessive à mon goût, lors de notre passage à la sous-préfecture d'Agboville, le seul passage que nous ayons effectué avec lui en ce lieu. À sa demande, audacieuse il faut le dire, de rencontrer une autorité de la place pour lui présenter le projet Jéribeth, l'on nous introduisit dans le bureau d'un officier – de quel rang et de quel corps, je n'en sais rien – qui nous reçut en lieu et place du sous-préfet absent ce jour. Oui, intelligent comme il était, le Dr Nangor, mû par la crainte d'indisposer et de manquer de respect à qui que ce soit, savait adopter le comportement et prendre l'attitude qui convienne au milieu dans lequel il pouvait se trouver. Là encore, rien n'y fit. J'ai été tout de même agréablement surpris qu'au même moment une alternative profilait à l'horizon.

Une alternative profile à l'horizon

Le Dr Nangor me dit :

> Ngarial, viens. Allons voir cet autre terrain qui m'a été proposé. Quelqu'un qui a appris que je cherchais un terrain en remplacement de celui initialement donné et au sujet duquel le tribunal n'a pas daigné rendre une décision de justice jusque-là. Et je ne sais quand le litige va être tranché. Je n'ai pas hésité à lui verser un acompte, tellement le prix de la vente était alléchant. Si ça ne vous plait pas je saurais quoi en faire.

Cette fois-là, nous (en équipe) n'avions pas fait le voyage ensemble. Il nous avait devancés à Ery Makoudjié 1 dans la petite Toyota mauve RAV4 que ses enfants lui avait achetée récemment. Nous nous étions alors engouffrés dans la végétation dense dont la ligne de limite avec le village aurait été plus hypothétique s'il n'y avait pas ces vieux rails, mais toujours empruntés par des trains aux passages un peu irréguliers. Environ 15 minutes de marche plus tard, nous arrivâmes sur un mince filet d'eau serpentant la surface accidentée d'une large bande de boue dans laquelle j'ai dû revenir, après l'avoir traversée en catastrophe, pour chercher les semelles de mes chaussures qui y étaient restées. Nangor demanda au guide : « N'est-ce pas que c'est le cours d'eau qui borde le terrain en question ? » « Oui », répondit le jeune homme avant de poursuivre en donnant plein de détails descriptifs des limites du terrain. Et le jeune d'ajouter : « Docteur, je t'apprends que la bande de terrain qui reste au vendeur et qui longe ce côté est, il voudrait le vendre aussi, hein ! » Le grand-frère Nangor reprit aussitôt : « Renseigne-toi et, si c'est vraiment le cas, dis-lui que je veux prendre aussi cette portion pour l'ajouter à la précédente. Comme ça, nous aurons au total 3 hectares et un quart. » Il finit sa phrase en se retournant vers moi comme pour demander mon avis. En un éclair, je répondis de façon tonitruante : « Ah oui, oui. Ce serait formidable. »

J'ai l'impression, premièrement, que le grand-frère était de nature à aimer sauter sur des opportunités ; deuxièmement, quand Nangor te faisait confiance, il naviguait avec toi quasiment à l'aveugle. Ces deux traits combinés de sa personnalité lui ont valu assez de turpitudes dans les affaires et dans ses relations interpersonnelles. À cause de la combinaison de ces deux traits, il a été souvent pris à tort comme une personne naïve. Il nous répéta à la fin de cette visite de terrain que, puisque le premier terrain qu'il nous donnait était toujours et encore litigieux, et ignorant complètement comment cette affaire finirait, il estimait qu'il serait sage de nous trouver un autre terrain libre de tout assujettissement. Il voulait ainsi avoir le cœur tranquille. Il avait ensuite exprimé ses regrets de ce que le nouveau terrain se trouvait en pleine forêt et relativement bien loin de la grande voie, comparativement au premier. Nous avions vite fait de le rassurer sur cet aspect en lui évoquant ce dicton : « C'est la forêt qui devient la ville », avec bien d'autres argumentations rassurantes.

L'occasion était bonne pour le grand frère de manifester l'une des qualités que personne ne saurait lui dénier : la générosité. Comme s'il se sentait redevable d'hospitalité à notre endroit, car après tout, n'étions-nous pas venus chez lui, dans son village ? ; il nous dit : « Bon, on va manger chez Mme Gervaise. » C'est ce que Nangor faisait quasi systématiquement, comme un élément liturgique inaltérable. Cela a presque toujours rythmé nos passages à Ery Makoudjié 1 ou à Agboville. Et presque toujours aussi, il prenait un malin plaisir à l'occasion de pourfendre les fonctionnaires et autres travailleurs qui avaient acquis une sorte de seconde nature qui consistait à vider les marmites de Mme Gervaise avant notre arrivée, souvent avant midi. « Ces gens ne travaillent pas Ngarial. Sinon comment expliquer qu'à peine 11 h, tous se précipitent, comme des chiens de Pavlov ici pour se remplir le ventre et qu'à peine midi sonné le restaurant soit vidé des contenus de toutes marmites ! Minables, ce sont des minables et des plaisantins. Ils n'aiment pas travailler. C'est manger là seulement ! » Apôtre de l'excellence, le Dr Nangor n'hésitait pas à qualifier ainsi tout ce qui portait la moindre marque de paresse, de négligence, de médiocrité. Il abhorrait par idéal tout ce qui était de nature indolente, amorphe ou alangui. Il en avait une sainte horreur et ne les tolérait pas du tout chez les siens : famille, association, entreprise, communauté ecclésiale, etc. « C'est minable, hein ! » ; « Pourquoi sommes-nous si minables ? » ; « Ce sont des plaisantins, des minables » ; sont ainsi des expressions qui revenaient facilement et fréquemment sur ses lèvres à ce sujet[62].

Nous allions donc chez Mme Gervaise manger pour terminer nos visites. C'est lui qui payait. Toujours lui. Il refusait qu'une autre personne le fasse. Seulement quelques rares fois, j'ai pu m'imposer à lui. Nangor était d'une générosité solaire, nous le savons. Il suffit de se retrouver dans sa zone d'influence, pour être éclairé et réchauffé de sa débordante générosité.

Pour garder le souvenir vivace de l'homme et perpétrer le modèle qu'il a été, les Groupes bibliques universitaires d'Afrique francophone (GBUAF) ont décidé que le grand amphithéâtre de 1 000 places, objet du projet Jéribeth en cours de déploiement, portera le nom de : *Amphithéâtre Dr Nangor Koutouan Vincent.*

Klaingar Ngarial
Médecin de formation
Secrétaire régional des GBUAF (2019-)
Directeur du CACC (2007-) et des PBA (2019-)
Tchad

---

[62] NDA : Tout comme plaisantin, minable était un terme assez populaire en Côte d'Ivoire. Il n'était certainement pas d'un usage exclusif au Dr Nangor, même si, agacé, il le lâchait « facilement et fréquemment ».

UN AMI DE TOUS LES JOURS

Un chœur chrétien très populaire que l'on aime faire chanter aux enfants à l'école du dimanche un peu partout en Afrique subsaharienne dit : « Jésus est mon ami, mon ami de tous les jours. »

Vincent Nangor était un ami à Daniel Bourdanné. Un ami de tous les jours, un ami dans tous les sens. Leur amitié, si forte et si tendre, marquait d'empreintes indélébiles leurs familles respectives, la clinique Sarepta, la grande famille des GBUAF, etc. Elle se répandait au près et au loin. Elle crevait les yeux et réjouissait les cœurs aux grands rendez-vous du mouvement estudiantin à l'échelle régionale et internationale.

Daniel aurait pu écrire volontiers et mieux en mémoire de Vincent, son ami de tous les jours, mais il n'y arrivait pratiquement pas parce que durement éprouvé par la maladie. Son épouse Halymah aurait pu prendre le relais s'il lui était possible de se concentrer pour s'y consacrer pleinement.

Comme l'exprime si bien un poète béninois,

Nous irons au rendez-vous

des cinq continents

avec nos chants et danses,

avec nos cœurs brûlants d'amitié,

de bonté, de paix,

avec l'authenticité de notre culture[63].

Comparaison n'est pas raison

Certaines maladies durent des mois, et d'autres durent des années. Vincent était tombé malade dans son pays d'origine, la Côte d'Ivoire ; une intervention chirurgicale en contexte était même passée par là.

---

[63] Eustache Prudencio, « Lecture et expression, 3e », Dans *Groupe Éducation et Francophonie*, dirigé par Claude GAUTHIER, Paris, Hatier, 1984, p. 3.

Daniel l'était dans son pays d'adoption, la Grande-Bretagne ; une intervention chirurgicale en contexte était également passée par là. Certaines maladies mènent à la mort, et d'autres non.

Dans un journal chrétien, *Voix dans le désert*, figure un poème anonyme[64], révélateur, de huit strophes. En voici les deux premières :

> Nous n'aimons pas mourir ; non... c'est un sacrifice,
>
> Abandonner parfois un projet d'avenir,
>
> Accepter sans dépit peut-être une injustice,
>
> En silence pleurer... tout cela, c'est mourir.

> Mourir à son confort et même à son bien-être
>
> Ainsi qu'à tout son orgueil, mondain ou religieux
>
> Et dans l'humilité marcher bien près du Maître
>
> Se laissant diriger par lui d'un cœur joyeux.

Au moment où nous avons terminé la rédaction de cet ouvrage, nous avons appris le rappel à Dieu de notre bien-aimé, le Dr Daniel Bourdanné. Oui, les deux amis se sont rejoints dans la félicité céleste.

Barka Kamnadj
Directeur de l'ouvrage
Tchad

---

[64] « Mourir », dans *Voix dans le désert*, n°5 (230), novembre-décembre 1986, p. 3.

IL S'EN EST ALLÉ NOTRE *DJELY* DES GBUAF…

(Ne pleure pas. Chante : gloire !)

Docteur Vincent ?

VINCENT était un

Imbattable

Narrateur de discours,

Célébrissime dans tout le continent du Sud !

Enigmatique,

Non-conformiste et nazaréen comme *Bar(a)ka*,

Tel était docteur Vincent, notre griot des GBUAF…

Docteur Koutouan ?

KOUTOUAN était un

Orfèvre des belles phrases, des proverbes : une véritable

Université de cultures et de traditions africaines.

Tel il était, docteur Koutouan, un

Oasis de guérisons physiques et spirituelles, une

Usine de bonne humeur ; un

Aronia des cœurs, et un

Nectar de l'éveil des esprits africains.

Docteur Nangor ?

NANGOR était une outre neuve de savoirs, une

Ame

Nègre et noble, un

Grand

Orateur, un sage de l'arbre à palabres et un don divin de libéralité. Il est déjà, et

Restera, à toujours, gravé dans nos souvenirs jeunes, adultes et quinquagénaires...

...Mais ce n'est qu'un au revoir ; il était

Griot des GBUAF,

Chantre des intellectuels noirs,

Nous nous retrouverons, un jour, là-haut pour l'éternité !

Soli Deo Gloria !

Fait à Sousse (Tunisie), le 13 mai 2023

Pierre Ezoua
Homme de lettres et de cultures
Pasteur à l'Église Réformée de Tunisie
Secrétaire général des GBU de Côte d'Ivoire de 1992 à 1999
Secrétaire itinérant des GBUAF de 2001 à 2009

MESSAGE DU SECRÉTAIRE GÉNÉRAL DE L'IFES

Au nom de l'Union internationale des groupes bibliques universitaires (IFES), je veux rendre grâces à Dieu pour la vie et le ministère de notre frère, le Dr Nangor Vincent.

Mes pensées et mes prières vous accompagnent en ces moments douloureux où vous vous apprêtez à porter en terre son corps, à l'endroit où ce corps est sensé retourner selon les desseins de celui qui, il y a 70 ans, l'a appelé à venir dans ce monde. J'ai une pensée particulière pour son épouse, Mme Nangor, née Edi Akissi Marie-Thérèse. Et chacun de ses enfants : Nangor Marie-Audrey Isabelle, Nangor Marie-Chayé Rebecca Amandine, Nangor Vincent Messon Jonathan, Nangor Sosthène Edi Mardochée et Nangor Marie-Ohouchy Méliane Bérénice.

Mes pensées et mes prières vont également à la famille élargie, à tous mes frères et sœurs de l'IFES en Côte d'Ivoire, et à ceux et celles de toute la région francophone de l'Afrique. Oui, alors que vos larmes inondent vos demeures et que la tristesse engaine fortement vos cœurs en ces jours les plus douloureux, mon âme avec vous s'épanche devant notre Créateur.

Nangor, notre ami et notre partenaire s'en est allé, nous devançant ainsi dans la félicité éternelle. Désormais, nous dirons donc de lui, avec la marque de tendresse que tous nous lui devons : bien-aimé et regretté Dr Nangor Koutouan Vincent.

Pendant toute une génération, le Dr Nangor a joué un rôle vital dans le ministère estudiantin, dans son pays la Côte d'Ivoire d'abord, et en Afrique francophone dans son ensemble ensuite. Dans les années 1970, le Dr Nangor a été l'un des pionniers des GBU en Côte d'Ivoire. Des dizaines de milliers d'étudiants sont venus à la foi chrétienne et y ont grandi. Le Dr Nangor est ensuite devenu le président du comité exécutif des GBUAF, une responsabilité qu'il a assumée de 1992 à 2002. Il le fit avec une incroyable sagesse spirituelle et un enthousiasme inaltérable, cette [manière d'être et de faire] dont il a lui seul le secret !

Le Dr Nangor a été un mentor pour [certains] de nos hauts responsables, un modèle pour [...] d'autres. Il a été l'ami et le conseiller des professeurs Solomon Andria et Daniel Bourdanné dans leurs ministères en tant que secrétaires régionaux des GBUAF. Son engagement de longue date en faveur du ministère estudiantin et la qualité de ses contributions au développement de cette œuvre lui ont valu d'être élevé au rang d'ambassadeur des GBUAF en 2013. En 2019, il a été nommé par l'IFES mondial vice-président honoraire et a servi fidèlement à ce poste jusqu'à sa promotion dans la gloire céleste.

Pendant ces dernières années, le Dr Nangor a été un soutien inestimable pour notre secrétaire régional le Dr Klaingar Ngarial et pour tous nos dirigeants en Afrique francophone. Artisan et partisan indécrottable et invétéré des études bibliques dont il est clair qu'il en a les gènes, Nangor était un inconditionnel et fervent adepte de la formation et du développement des Hommes au GBU, un ministère dont il était si profondément fier au point de dire à son sujet, je cite : « Si le GBU n'existait pas, il faudrait le créer. »

Disons-le tout net, le ministère estudiantin qui s'est si fructueusement développé en Afrique francophone dans les années 90 doit incontestablement beaucoup aux conseils, au soutien et aux prières de l'une de ses indiscutables icônes, le Dr Nangor. L'héritage, cet héritage qu'il nous a laissé restera durable, durable et durable.

Le coût de l'amour et de l'amitié profonde est la douleur de dire au revoir. Notre seul réconfort est l'espoir éternel de savoir qu'il repose maintenant en paix et sans douleur avec le père céleste.

Avec l'équipe internationale que je dirige, nous nous joignons à vous, frères et sœurs, pour rendre grâces pour sa vie et pleurer la perte de ce cher frère en Christ. Que le Seigneur vous bénisse et vous garde près de lui dans ces moments et vous remplisse de paix.

Tim Adams
Secrétaire général de l'IFES
Grande-Bretagne

L'ORAISON FUNÈBRE

Nangor nous a devancés le 6 décembre 2022. Il s'en est allé pour l'éternité. Les obsèques étaient organisées le 4 février 2023. En voici l'écho :

Il est des jours…

Il est des jours comme celui d'aujourd'hui et comme ceux que nous traversons depuis le 6 décembre 2022 à 14 h 24, où nous avons complété malgré nous, le nombre des orphelins et veuves de nos familles et de la société.

Oui Papa s'en est allé,

Papa n'est plus.

Nous avons tous espéré,

Nous avons tout espéré,

Nous avons cru jusqu'au bout, jusqu'à la fin, jusqu'à la mort.

Il est des jours comme celui d'aujourd'hui,

Où espérance et tristesse,

Foi et réalités terrestres,

Jouent dans la même cour, dans le même jardin, sans vouloir jamais s'arrêter.

Il est des jours comme celui d'aujourd'hui,

Où tout ce qui nous reste est passé,

Où larmes et consolations cherchent un compromis,

Où nos cœurs en peine cherchent la consolation.

Oui Papa s'en est allé,

Papa n'est plus.

Nous avons tous prié,

Nous avons tout demandé,

Nous avons jeûné,

Nous avons crié jusqu'au bout, jusqu'à la fin, jusqu'à la mort.

Il est des jours comme celui d'aujourd'hui,

Où, de peur de rencontrer le silence souverain de Dieu devant nos questions trop humaines,

Nous retournons au point de départ, là où tout a commencé…

C'est alors que l'un des versets les plus cités nous revient à l'esprit :

« Car Dieu a tant aimé le monde, qu'il a donné son fils unique afin que quiconque croit en lui ne périsse point mais qu'il ait la vie éternelle. » (Jn 3.16, LSG)

Papa n'a pas péri.

Mais après tant de douleurs, de pleurs et d'angoisse,

Papa s'est rapproché de son Dieu qui l'a préparé avant de le reprendre.

Papa n'est pas perdu.

Lui qui a cru et qui était si passionné de la Parole de Dieu, des Écritures.

Infatigable enseignant,

Éternel étudiant.

Papa est sauvé.

Lui par le leadership duquel tous ses cinq enfants de sang et ses nombreux enfants dans la foi ont bénéficié d'un modèle d'intégrité, de courage et de simplicité emmaillotés d'un humour original.

Papa a la vie éternelle.

Lui que Jésus-Christ a tant aimé, a trop aimé.

Pour terminer, pour celles et ceux qui n'ont pas encore décidé de donner leur vie à Jésus-Christ, il est peut-être temps d'y songer...

Selon qu'il est écrit :

« Il est réservé aux hommes de mourir une seule fois, après quoi vient le jugement. » (Hé 9.27, LSG)

Quelles œuvres parleront pour vous au jour où vous rencontrerez Dieu ?

Quel héritage laisserez-vous avant de partir ?

Pour ce qui nous concerne,

Le plus bel héritage que Papa nous ait laissé est Jésus-Christ !

Nous sommes reconnaissants à Papa et à Dieu pour cet héritage de valeur.

[...] Oui, nous pleurons,

Nous pleurons,

Oui, nous pleurons,

Mais nous serons consolés !

Nangor Vincent-Messon Jonathan
(Au nom de la veuve et des enfants Nangor)
Côte d'Ivoire

DES MOTS DE CONDOLÉANCES

C'est avec beaucoup de douleur que j'apprends le retour du grand frère auprès du Père, cette sommité parmi les sommités que comptent les GBUAF, Dr Vincent. Il se repose enfin de ses œuvres. Que toute sa famille et les GBU trouvent leur consolation en l'idée que nous le suivrons et le retrouverons auprès du Père.

Séraphin Riradjim, UJC, Tchad

Béni soit Dieu le Père de notre Seigneur Jésus-Christ, pour ce grand homme-modèle que fut le Dr Nangor. À travers sa vie et celles de ses enfants nous voyons combien de fois le Dr Nangor a aimé et servi le Seigneur Jésus-Christ. Nous croyons qu'assurément la couronne de justice lui est reservée. Bon courage maman Marie-Thérèse. Bon courage Isabelle, BK, Jo, Béré et Mardochée. Demeurez dans la paix du Seigneur.

Tahia Traoré, Côte d'Ivoire

« Elle a du prix aux yeux de l'Éternel, la mort de ceux qui l'aiment » (Ps 116.15, LSG). Nous ne ferons que nous soumettre à la souveraineté de Dieu, qui a bien voulu promettre son serviteur à la félicité. L'UJC du Tchad en général et la région du sud en particulier présentent leurs condoléances à la famille biologique sans oublier les GBU. Courage en Jésus-Christ !

Aubin Mbailai Mbaississem,
Secrétaire régional du sud, UJC,
Tchad

Que Dieu soit béni pour cette vie entièrement dévouée au ministère des groupes bibliques. Que la consolation soit le partage de tous ceux qui pleurent en ce moment le départ de ce père, grand-père, grand frère. À travers la vie du Dr Nangor, je garde le souvenir de ce que l'amour pour le Seigneur et pour les frères est capable de nous donner de faire. À Dieu soit la gloire !

Eric Makon, Cameroun

Oh! Que Dieu console la famille de ce vaillant héros du service du Seigneur! Il se repose bien de ses œuvres. Il a été un don précieux pour sa famille restreinte et pour la grande famille des GBUAF, par sa vie de service et de témoignage. Béni soit l'Éternel qui s'est choisi [en sa personne] un témoin de son vivant. Nous regrettons son départ; néanmoins son témoignage reste vivant; il attend la couronne de vie avec la multitude de témoins qui ont précédé son départ... Toutes mes condoléances les plus attristées aux siens, proches collaborateurs et connaissances!

Athanase Niyonizera, Burundi

Être chrétien, vivre pour christ, partager et enseigner l'Évangile, et persévérer jusqu'au bout. Sa joie contagieuse, sa profondeur et son agilité intellectuelle, sa passion pour les GBU, sa générosité légendaire, son amour pour son épouse, sa famille et son prochain, son attachement à la Sainte Parole, sont autant de marques de son exemplarité et du legs lourd à porter qu'il nous laisse. Consolons-nous tous en imaginant sa joie débordante dans le repos auprès du Seigneur qu'il a servi avec une passion inégalable.

Dr Michel Kenmogne, Cameroun/Allemagne

« Elle a du prix aux yeux de l'Éternel, la mort de ceux qui l'aiment » (Ps 116.15, LSG).

Elôm Gbatchi, Togo

[...] Avec le Dr Nangor, nous perdons un aîné engagé pour la cause de l'Évangile, un acteur conséquent du GBU, un leader hors pair. Que le Seigneur apporte toute sa consolation à madame, aux enfants et aux petits enfants; qu'ils sachent que leur bien-aimé n'aura pas vécu en vain.

Oumar Sawadogo, Burkina Faso

Je ne connais pas particulièrement le Dr Nangor, mais j'avoue que c'est un nom que j'ai entendu retentir plusieurs fois dans les rencontres internationales des GBU. C'était certainement l'un des ancêtres qui a écrit une belle partie de l'histoire des GBU. Merci au Seigneur de nous avoir prêté une vraie bibliothèque comme le Dr Nangor. Daigne sa vie inspirer notre génération montante! Toutes nos compassions à la famille Nangor!

Faustin Dokui, GBEE, Bénin

Je suis reconnaissante pour la bénédiction que le Dr Vincent Nangor a été pour nous. J'ai eu le privilège de l'écouter pendant les conférences panafricaines des GBUAF. Que Dieu fortifie la famille qu'il laisse dernière lui !

Edy Mouanga, Gabon

Dieu, dans son excellente grâce, nous a engagés ensemble, mon cher frère Vincent et moi, dans le parcours du grand ministère des GBU. Il a combattu le bon combat et maintenant il se repose de ses œuvres, en bon et fidèle serviteur. Que le Dieu qu'il a servi avec tant de ferveur réconforte et console la famille éplorée, tous les frères et amis !

Dr Moïse Napon, Burkina Faso
(élevé à la gloire céleste, deux ans plus tard, en 2024)

Jeune étudiant, nous avons eu la grâce de lire des discours du doyen Nangor. Jeune étudiant, nous avons eu la grâce de participer à une formation à l'étude biblique, couplée d'une animation faite par le doyen Nangor dans Actes 8.26-40. Il nous a amenés à lire « la rencontre entre l'Évangile et un intellectuel africain ». Une étude qui a bouleversé notre perception et renforcé notre engagement pour l'évangélisation en milieu universitaire. Sa fille Rebecca, notre promotionnaire d'école, nous a fait visiter la bibliothèque du doyen Nangor. Waouh, un homme passionné des Écritures ! En tant que PCA des GBU de Côte d'Ivoire aujourd'hui, je bénis le Seigneur pour la grâce qu'il nous a faite d'avoir eu le baobab Nangor, une véritable source d'inspiration et de bénédiction.

Marius Doh, Côte d'Ivoire

À sa famille biologique et spirituelle nous traduisons toutes nos compassions et présentons toutes nos sincères condoléances. Il se repose en paix, ce cher serviteur fidèle et intrépide du Seigneur. Son engagement nous sert de repère.

Daouda Traoré, Burkina Faso

… Chère maman Nangor, merci de ce que vous avez laissé papa Nangor être pour notre génération à travers votre engagement à ses côtés au service des GBUAF et de l'IFES. Que Dieu vous bénisse ! Que la grâce et la paix du Seigneur soient le partage de toute la famille : les enfants et petits-enfants !

Camille Yabi, Bénin

Je voudrais, par ces mots, souhaiter mes condoléances, d'abord à la famille du doyen (le baobab), et ensuite à toute la grande famille des GBUAF. Personnellement, je n'ai pas connu le doyen. Mais j'entends parler de ses bonnes œuvres par la bouche des personnes que j'apprécie tant et respecte aux GBUCI, notamment M. Doh Marius, pasteur Gueï Mathieu ainsi que son épouse. Cela me permet de me faire une idée et une image de Feu Vincent Nangor. Physiquement, il n'est plus, mais par ses actions il est encore vivant dans nos cœurs et nos pensées. Mes condoléances à toute la famille !

Stanislas Bonga Gueu, Côte d'Ivoire

J'ai rencontré le Dr Nangor lors d'un congrès triennal à Douala. D'une grande simplicité et d'une discrétion absolue, comme président, il était un soutien indéfectible du secrétaire régional des GBUAF.

Belmond Tchoumba, Cameroun

Dr Nangor, une vraie colonne dans l'Église du Seigneur. Une icône dans notre GBU.

Zacharie Mounkiné, Cameroun

J'ai connu le Dr Nangor en 2002 à Bamako (Mali) au triennal des GBUAF. Il nous avait entretenus alors dans notre atelier sur le livre de l'évangéliste Luc, médecin comme lui. Il disait que Luc avait fait beaucoup de recherches pour écrire son Évangile, et il nous encourageait chacun dans son domaine à suivre cet exemple. Cela m'a inspiré et amené à faire des recherches pour écrire mon livre sur *Les relations Église/État*. Un bien-aimé simple et profond. Puissent ses œuvres continuer à porter des fruits après lui !

Justin Mvondo, Cameroun

Conclusion

SAVOIR SERVIR LES DESSEINS DE DIEU
DANS SA GÉNÉRATION

La Bible déclare: «Pendant sa vie, David a été le serviteur de Dieu: il a fait ce que Dieu voulait…» (Ac 13.36, Parole de Vie). Au regard de tous ces témoignages, on ne se tromperait pas en disant que le Dr Vincent Koutouan Nangor s'est endormi, comme un homme qui a servi les desseins de Dieu en son temps, avant de s'en aller pour l'éternité. Sa manière d'être et de faire ont marqué plus d'une personne, une bonne partie du temps terrestre qui lui était imparti.

Du temps imparti

07/07/1954–06/12/2022, voilà l'intervalle de temps de grâce, temps pendant lequel Vincent a vécu sur la terre des vivants. C'est aussi à l'intérieur de cet intervalle qu'il a eu la grâce d'accomplir la volonté de Dieu. C'est une grâce d'avoir mis sa vie en règle avec le plan souverain de Dieu.

L'on se demanderait comment cet homme a-t-il pu rassembler un tel témoignage à son sujet. Le témoignage ne se conçoit pas selon un canevas quelconque. Les gens naissent, vivent et meurent. Les paroles qu'ils prononcent chaque jour, les actes qu'ils posent, l'attitude qu'ils adoptent et les comportements qu'ils manifestent dans telle ou telle situation constituent la matière première que les autres utilisent le moment venu pour leur rendre témoignage. Loin des panégyriques que l'on entend habituellement lors des obsèques, le témoignage que vous venez de lire sur la personne et l'œuvre de Nangor est on ne peut plus édifiant. Cet homme a laissé une leçon dans différents aspects de sa vie: dans sa vie de famille, son engagement dans le ministère estudiantin, son impact sur la jeunesse, ses empreintes sur l'Église et le milieu séculier. Son quartier général, la famille.

En famille

Lorsqu'un serviteur de Dieu est très célèbre dans son ministère, le plus souvent, c'est au détriment de la famille. Mais l'homme a démontré, de manière frappante, que la famille est le point de départ du ministère. Fortement attaché à sa famille comme le calao, nombre de jeunes « Gbussiens » ont appris de lui la belle leçon de la vie de famille. Combien il est merveilleux pour les jeunes en quête de modèle de vie de famille, de prendre encore Nangor comme modèle à imiter au travers de cet ouvrage, même sans l'avoir vu ! Il peut continuer de conseiller celles et ceux de ces jeunes qui sauront en faire la lecture attentive et active. La famille autre, les GBUAF.

Aux GBUAF

Le Dr Vincent Nangor, un mordu des Groupes bibliques universitaires d'Afrique francophone (GBUAF), sa passion. Les contributions rassemblées dans cet ouvrage ont porté essentiellement sur son engagement dans les GBUAF, par la plume des anciens secrétaires généraux et ceux en fonction. Ceux qui l'ont rencontré dans les congrès et séminaires ne l'ont jamais quitté sans une bonne impression sur sa manière particulière d'agir et d'interagir. Son impact sur la jeunesse se voit pérennisé au travers de son adhésion sérieuse au projet Jéribeth. On dit de Nangor que c'est « un grand soutien du projet Jéribeth ». Ce projet bien connu nourrit l'ambition, entre autres, de doter le Centre africain du christianisme contemporain (CACC) d'une infrastructure adéquate pour la formation des équipiers et administrateurs nationaux ainsi que des leaders étudiants, d'offrir aux intellectuels évangéliques africains francophones un cadre de réflexion et de production d'idées, etc. Nous espérons que Nangor a pu contaminer beaucoup de Post-« Gbussiens » et Amis des GBU et que le projet évoluera de plus belle après son départ, afin que le message continue d'être véhiculé.

Message véhiculé

Le message qu'il laisse après lui par cet engagement, c'est de prendre au sérieux l'encadrement de la jeunesse. Connu comme quelqu'un qui savait véhiculer l'information à l'intérieur d'un groupe, ceux qui l'ont côtoyé ne trahiront pas cette dynamique. Ses discours étaient des moyens efficaces de communication. C'était un homme de haute culture pour avoir su se cultiver. Un homme de culture, il ne l'a pas été théoriquement. Il savait lire les auteurs africains et antillais, européens et américains. Il savait aussi et surtout lire la Bible. Un homme d'un tel équilibre, ça s'auto-forge. Il se formait verticalement au travers de l'étude de la Bible qui le transformait à l'image de Christ, afin d'être horizontalement efficace dans la communion fraternelle avec les étudiants et au niveau de la société. L'Église devrait en être fière.

À l'Église, interpellée

Si l'Église comprenait la stratégie de Nangor, elle se doit de prendre au sérieux le GBU, car ce mouvement possède la capacité d'opérer la transformation véritable de la jeunesse dans le milieu estudiantin afin de la rendre efficace dans le milieu professionnel et à l'Église. C'est ainsi que l'Église doit se former une armée de cadres laïcs utiles au Maître. Investir en tant qu'Église dans le processus de formation des jeunes, le bénéfice en est grand. Il n'y a pas meilleure préparation à la relève que l'encadrement de ceux qui suivent ceux qui conduisent.

Sachant que « tout succès sans successeurs successifs à succès est un échec[65] » réussi, il faut faire sa part avant de partir ; partir heureux. Il est écrit : « Puis j'entendis une voix venant du ciel me dire : Écris : Ceux qui meurent en communion avec le Seigneur, jouissent dès maintenant d'un bonheur impérissable. Oui, confirme l'Esprit, heureux sont-ils, car ils se reposent de leurs peines, mais leurs œuvres les accompagnent » (Ap 14.13, Parole de Vie). Le clou est enfoncé et la puce mise à l'oreille de l'enfant de Dieu !

À l'enfant de Dieu

Les martyrs que mentionne l'apôtre Jean seront bénis non seulement parce qu'ils auront pleinement vécu dans l'obéissance et la foi, mais encore parce qu'ils seront morts dans le Seigneur. C'est la véritable victoire sur la mort ; et la récompense attend donc les enfants de Dieu qui auront vécu à la gloire de Dieu.

---

[65] Robert Orr, cité dans Abel Ndjerareou, sous dir., *Comme sous l'arbre à palabre, Un livre de souvenir et d'avenir*, Cotonou, PBA, 2016, p. 148.

Il a vécu comme enfant de Dieu. Telle est l'expression qui me semble convenable pour conclure la série de témoignages rassemblés sur le vécu du serviteur de Dieu, le Dr Nangor, l'homme qui s'est définitivement reposé de ses œuvres. Au lecteur de jouer !

Au lecteur

L'ouvrage qui se trouve entre vos mains a pour ambition de témoigner des œuvres que le Seigneur a accomplies lui-même dans la vie de son Église au travers d'un être humain, comme vous. À vous de jouer ! Et à Dieu soit la gloire !

Daniel Gadmadji
Pasteur, Église Évangélique du Tchad
Titulaire de master en théologie pratique
Tchad

ANNEXES

TROIS DES DISCOURS DU DR VINCENT NANGOR

POINT DE DÉPART D'UN LEADERSHIP PANAFRICAIN

Au terme des assises de notre neuvième congrès triennal (Douala, Cameroun, édition de 1992), la présidence du comité exécutif de notre mouvement, les Groupes bibliques universitaires d'Afrique francophone (GBUAF) m'est échue. Une lourde responsabilité que seulement vos prières m'aideront à assumer. Je voudrais, au nom du comité exécutif, remercier tous les acteurs de ce congrès.

Remerciements et résumé des enseignements

Nos remerciements vont :

- Aux autorités politiques et administratives du Cameroun. Elles ont accepté de nous recevoir dans leur beau pays ;

- Aux sœurs et frères du Groupe biblique des élèves et étudiants du Cameroun (GBEEC) qui, pour rendre possible la tenue de cette rencontre que l'ennemi avait quasiment annulée, ont dû réagir en véritables pompiers du Seigneur. Nous vous saluons pour la réussite de cette opération de sauvetage ;

- À toutes les sœurs et tous les frères de Douala qui ont généreusement accepté d'héberger les congressistes étrangers confrontés au report inattendu de la date d'ouverture du congrès. Merci pour votre hospitalité compensatrice ;

- À l'Église évangélique du Cameroun (EEC) qui, face à l'indisponibilité inattendue du site prévu, a eu la compassion de sauver notre rencontre en nous cédant en dernière minute leurs locaux. Que le Seigneur dans sa divine grâce fasse prospérer cette Église ;

- Au secrétaire régional des GBUAF ; j'ai nommé avec déférence le révérend Solomon Andriatsimialomananarivo, que nous remercions pour toute l'abnégation qu'il a, selon son habitude, déployée dans la préparation, l'organisation et la supervision de ce grand rassemblement panafricain ;

- Aux secrétaires itinérants et secrétaires nationaux ; encadreurs des élèves et étudiants dans vos pays respectifs, vous avez su les motiver à participer massivement à cette rencontre, nonobstant les énormes difficultés économiques que traversent nos pays ;
- Aux différents orateurs que nous saluons avec déférence. Avec maestria, vous avez, pour notre édification, décortiqué le thème de notre congrès. Nous avons été émerveillés par le très haut niveau de vos interventions. L'originalité de certaines de vos approches n'a pas manqué de nous choquer momentanément. Mais ce genre de choc à dessein ayant pour but de susciter réflexion et remise en cause de ce qu'on croyait savoir ; sachez que vous avez pleinement atteint votre objectif. Soyez donc remerciés pour cette stratégie efficace de délivrance. L'authenticité de votre érudition demeure pour nous une forte motivation à la réflexion théologique et pour le christianisme africain un puissant facteur de maturation. Nous venons ainsi de prendre conscience à votre école que pour réussir l'élargissement de la tente GBUAF, nous devons :

1. D'abord nous assurer de la solidité de l'existant, c'est-à-dire prendre soin de nous approprier viscéralement le message de l'Évangile ;
2. Nous exercer à crédibiliser notre témoignage par une vie chrétienne authentique sur le campus ;
3. Être attentifs et disponibles à l'appel du Seigneur pour la mission ;
4. Comprendre que mission sous-entend don de soi ;
5. Acquérir une compétence académique et professionnelle indiscutable doublée d'une culture multidisciplinaire embellie d'une haute moralité.

Chers maîtres, que le divin Maître vous bénisse et prolonge vos vies de plusieurs décennies. Car nous avons encore besoin de votre présence ;

- À l'équipe de restauration dirigée par notre bien aimée sœur, Mme Julienne Ewané. Vous avez travaillé dans des conditions extrêmement difficiles. Mais cela n'a jamais pu contrarier votre détermination. En effet, malgré les désagréments rencontrés, vous avez su entretenir votre sérénité en mêlant de joyeux cantiques aux bruits de vos ustensiles. Sachez que le partage de votre remarquable bonne humeur nous a puissamment aidés à déglutir sans trop de peine le fameux *n'dolé* national dont l'amertume, difficilement contestable rappelle les herbes amères des Israélites dont la consommation préludait à leur sortie d'Égypte vers une terre où coulaient le lait et le miel.

Prions donc qu'à notre tour la digestion de ces feuilles amères camerounaises donne aux GBUAF, par la grâce de Dieu, de passer effectivement de l'exigüité à l'élargissement de leur tente, comme l'a souhaité le thème de notre congrès. Cela exige naturellement de nous le relèvement de plusieurs défis.

Défis à relever

À ce sujet, le conseil général des étudiants tenu ce matin même a eu le mérite d'identifier les quatre défis majeurs qui nous attendent au sortir de ce triennal. J'en ajoute volontiers un autre pour porter le nombre à cinq.

Le défi économique

Un de nos éminents orateurs nous a fait remarquer pour le regretter que dans le domaine financier, l'Afrique francophone passerait pour être la honte du christianisme en Afrique. Engageons-nous ici et maintenant à tout mettre en œuvre pour conjurer cette pandémie spirituelle. Les GBUAF manqueraient de pertinence si après les assises de ce triennal nous devrions persister dans notre traditionnelle et honteuse posture volontaire d'indigence. C'est le lieu pour les Amis des GBUAF dont la fédération a vu le jour en 1988 au congrès de Lomé, et qui vient fort heureusement de se doter de documents de fonctionnent (statuts et règlement intérieur), de prendre incessamment conscience des responsabilités qui leur incombent. Leur vocation première étant de soutenir matériellement et spirituellement les étudiants dans la réalisation de leurs programmes nationaux respectifs ; l'élargissement de notre tente que nous appelons de tous nos vœux est absolument à ce prix.

Le défi théologique

Les sectes, les autres mouvements religieux et les idéologies délétères se développent et font des ravages sur nos campus. Seuls des « Gbussiens » sainement exercés à l'étude de la Parole de Dieu et initiés à la réflexion théologique seront capables de leur disputer du terrain et freiner leur progression en détournant leurs camarades du chemin de la perdition éternelle.

Le défi humain

Nous encourageons dans la prière tous les mouvements nationaux qui n'en ont pas encore, à recruter dans les meilleurs délais un secrétaire national, pour une meilleure mise en œuvre de leurs programmes.

Au titre de secrétaires itinérants, outre Daniel K. Bourdanné recruté en 1990, chargé de la supervision de l'Afrique de l'Ouest et du département littérature, Pascal J. Ratovona recruté en 1992, chargé de la supervision de l'Afrique de l'Est, des îles et du département formation, nous prévoyons, Dieu voulant, le recrutement d'un secrétaire itinérant pour l'Afrique centrale dans un proche avenir.

Le défi missionnaire

La conscience missionnaire, objectif majeur de ce neuvième congrès, nous impose la création à court terme d'un département missionnaire au sein des GBUAF. Le comité exécutif se fera le devoir urgent de réunir les ressources humaines, matérielles et financières à cet effet.

Le défi sociétal

Je me permets d'ajouter personnellement ce défi, parce qu'élargir l'espace de notre tente, c'est aussi infiltrer tous les secteurs d'activité de nos sociétés. Les GBUAF doivent en prendre conscience dans leur rôle d'encadrement holistique des élèves et étudiants d'aujourd'hui qui, demain seront appelés à occuper des postes de responsabilité au plus haut niveau de la société, comme solutions vivantes de Dieu aux problèmes de notre mère Afrique.

Enfin, au moment où au terme de ce triennal nous quittons les rives du wouri avec de nouvelles connaissances assorties de nouvelles résolutions et responsabilités, je rêve de voir émerger de nos rangs, comme je le disais tantôt, des jeunes cadres dotés d'une compétence professionnelle indiscutable, doublée d'une culture pluridisciplinaire avérée et embellie d'une haute moralité, jouant pleinement en tout lieu et en tout temps leur rôle de « sel de la terre » et de « lumière du monde », conformément à l'enseignement de Jésus de Nazareth, notre divin Maître.

Discours de clôture,
9e congrès triennal des GBUAF,
Douala 1992

DIEU FAIT PASSER LE TÉMOIN

Les Groupes bibliques universitaires d'Afrique francophones (GBUAF) vous souhaitent la bienvenue et vous remercient pour votre présence remarquée à cette cérémonie. Nous sommes rassemblés, cet après-midi, dans cette chapelle, pour lire une page de notre histoire, écrite de main de maître, quinze années durant, par notre bien-aimé secrétaire régional, le très honorable pasteur Solomon Andriatsimialomananarivo.

Lorsque je me réfère à son [...] livre intitulé *L'œuvre ou l'ouvrier ?* (PBA, 1995), la question qui émerge de ma pensée est de savoir si je dois parler de l'homme ou de son œuvre. J'ai choisi de prendre en compte les deux facettes du sujet.

L'œuvre du pasteur Andria

À sa sortie de l'université, Solomon a aussitôt entendu et répondu à l'appel du Seigneur, car le Saint-Esprit n'a éprouvé aucune difficulté à articuler distinctement les 24 lettres de son patronyme. Son diplôme d'ingénieur rangé aux archives familiales, il débarque en Côte d'Ivoire après quelques années de formation à la Faculté libre de théologie évangélique de Vaux-sur-Seine en France.

C'était en 1980, succédant au pasteur Isaac Zokoué[66] (1944-2014) au poste de secrétaire régional des GBUAF. Le pasteur Andria commence aussitôt son ministère qu'il considère comme sa partition dans un vaste chantier permanent du Seigneur avec des objectifs évolutifs ; le tout résumé sous forme d'un rêve qu'il consignera plus tard dans le *Nouveau manuel du responsable* (1990) et que je cite :

> Je rêve d'un grand mouvement panafricain avec plusieurs dizaines de secrétaires itinérants.

> Je rêve d'un mouvement national fort dans tous les pays, du Sénégal jusqu'à l'Ile Maurice en passant par la Guinée et le Gabon. Dans mon rêve, je vois des GBU fidèles à l'Évangile et à leur mission dans tous les établissements de l'enseignement

---

[66] Secrétaire général/régional des GBUAF de 1975 à 1980.

> supérieur, encadrés par des secrétaires itinérants et nationaux eux-mêmes entièrement soutenus par l'association nationale des Amis. Je vois à chaque réunion du GBU de nouveaux visages, des étudiants qui cherchent Dieu.
>
> Je rêve d'une fédération africaine des Amis du GBU qui soutient l'œuvre dans chaque pays et qui recrute des secrétaires itinérants pour le mouvement panafricain.
>
> Je rêve de groupes bibliques d'ingénieurs, d'agronomes, de médecins, d'associations fraternelles de pasteurs qui ont milité dans le GBU [...] et qui font partie de la famille du GBU.
>
> Je rêve de voir des professeurs d'université, de grands administrateurs, de hauts fonctionnaires qui craignent Dieu et qui ont la joie de partager leur foi en Jésus avec leurs collègues et confrères.
>
> Quand mon rêve se réalisera-t-il ? Tout dépend de moi, non pas de mon zèle, ni de ma compétence mais de ma fidélité à celui qui m'a dit : « Sans moi vous ne pouvez rien faire. » (pp. 47-48.)

Par la grâce de Dieu, en quinze années de ministère, le pasteur Andria a eu le privilège de vivre la réalisation d'une très grande partie de son rêve. En effet, au moment de sa prise de fonction en 1980, il était à la fois secrétaire régional et itinérant (pour toute l'Afrique francophone), secrétaire national de chaque pays d'Afrique francophone, secrétaire des Amis des GBU de tout espace francophone du continent.

Aujourd'hui, il laisse à son successeur un grand nombre de collaborateurs de haut niveau : un secrétaire itinérant pour l'Afrique de l'Ouest, chargé de la littérature, un secrétaire itinérant pour l'Afrique centrale, chargé des Amis sur le plan continental, un secrétaire itinérant pour l'Afrique de l'Est et des îles, chargé de la formation sur le plan continental. La quasi-totalité des pays membres ont chacun au moins un secrétaire général. Le département de littérature, autrefois pitoyablement rabougri, s'est développé de façon remarquable et nous avons aujourd'hui notre maison d'édition : Les Presses bibliques africaines (PBA).

Écrivain chrétien, il a cristallisé dans son premier livre, *L'unité, Rêve ou réalité ?* (PBA, 1991), son plaidoyer pour l'unité des chrétiens au sens biblique du terme, avant de proposer aux serviteurs de Dieu dans un deuxième ouvrage, *L'œuvre ou l'ouvrier ?* (PBA, 1995), la recherche de l'équilibre entre la vie de l'ouvrier et celle de l'œuvre (dans le ministère).

Le rêve est en voie de réalisation avancée. Les GBUAF sont en marche et le nom de notre frère Andria figure sûrement sur la liste invisible des ouvriers éligibles aux récompenses éternelles. Que dire donc de l'ouvrier ?

L'ouvrier Andria

Plusieurs qualités morales et spirituelles se sont donné rendez-vous dans cette petite silhouette de Malgache :

- L'amour : Au sein de la grande famille des GBUAF, dont certains membres sont très difficiles à vivre, le pasteur Andria ne compte que des amis. Il sait gérer toutes les situations avec sagesse et patience ;

- La fermeté et la douceur : J'ai appris à ses côtés que fermeté et douceur peuvent faire bon ménage et cheminer ensemble ;

- Les soucis de la formation et de l'édification : Aux étudiants et Amis de GBU, il dispense gratuitement des cours d'initiation à l'étude de la Bible, à la théologie et à la réflexion ;

- L'esprit de collaboration : Malgré la densité avérée de ses connaissances, Solomon Andria n'hésite pas à demander et prendre souvent en compte l'avis du laïc anonyme que je suis. Combien de fois, pour ne pas déranger mon programme professionnel, ne s'est-il pas déplacé d'Abidjan à Dabou pour échanger avec moi sur un problème urgent ?

- La maitrise de soi : Pendant plusieurs années de collaboration, il ne m'a jamais été donné de constater chez l'homme l'extériorisation d'une crise d'humeur, jamais de panique, même lorsqu'en 1983, à Ouagadougou, aux premières heures de révolution burkinabè, lui et moi étions très éprouvés, retenus que nous étions par la fermeture des frontières consécutives au coup d'État (qui a porté le capitaine Thomas Sankara de la prison à la tête du pays) : tracasseries administratives, surenchère, frustrations de tous genres, couvre-feu draconien, bruits de rafales d'armes automatiques n'ont pu avoir raison de sa sérénité, encore moins de son calme olympien ;

- La loyauté : Sa loyauté à la base doctrinale, aux principes et à la philosophie des GBUAF, au caractère interdénominationnel du mouvement est telle, qu'à l'heure qu'il est, malgré tant d'années de collaboration, je ne suis pas capable de dire le nom de son église d'origine, et je ne puis affirmer que très peu de personnes ici présentes parmi les non-Malgaches peuvent avancer le contraire. Il en est de même en ce qui concerne sa formidable épouse.

Parler publiquement de cette extraordinaire servante du Seigneur, c'est agresser volontairement sa légendaire humilité, c'est violer sa discrétion constitutionnelle. Je le sais, mais madame, ma sœur, je vous prie de m'accorder une dérogation pour les besoins de la circonstance. Alexandrine Andria, une grande dame de Dieu derrière un grand homme de Dieu, plus effacée que son époux, douce, toujours souriante, bonne mère de famille. Soutien inconditionnel de son époux, elle a écourté ses études de médecine pour suivre ce dernier dans son exil ivoirien sans l'assurance de pouvoir obtenir une équivalence à Abidjan. Elle sait concilier les fonctions de médecin, de mère de famille nombreuse, d'épouse de missionnaire, de servante du Seigneur. Son mari l'a-t-elle abandonnée pour un long voyage, même en période de Noël, elle ne perd pas son sourire. A-t-elle perdu son emploi de médecin parce que non-Ivoirienne ? Elle n'en fait pas un drame et en parle même en souriant. Y a-t-il un étranger à la maison ? Elle lui sert à manger avec gaité du cœur. Son mari est-il en réunion au rez-de-chaussée ? Au bout d'une heure elle descendra avec des rafraîchissements. Femme rompue aux épreuves du ministère chrétien, femme gardant toutes choses dans son cœur comme [Marie] la mère de Jésus.

Madame Alexandrine Andria, vous appartenez à cette classe de servantes de Dieu en voie de disparition que les Saintes Écritures décorent de l'épithète vertueuse. Elles sont en disparité flagrante avec cette autre catégorie d'épouses de serviteurs de Dieu qui, réfractaires aux sacrifices du ministère, traînent de sempiternelles jérémiades jusque sur la place du marché, où elles tentent d'émouvoir la vendeuse de légumes par ce refrain mélancolique : « Madame, je vous supplie de baisser encore le prix de votre marchandise, car mon mari est un pauvre pasteur. » Profanant ainsi la grande noblesse du ministère. Madame, Dieu vous a suscitée pour servir d'exemples, à nos mamans, à nous, à nos épouses, à nos sœurs, à nos filles. Que Dieu fasse en sorte que vos enfants trouvent en vous le meilleur modèle si cela s'avérait encore nécessaire pour des enfants déjà si bien éduqués ! Bon sang ne saurait mentir. Quelle discrétion ! Quelle pudeur ! Quelle politesse ! Quelle famille ! Quelle divine grâce !

Loin de moi l'idée de penser qu'il s'agit ici d'un comportement simplement malgache car, la vertu n'étant pas génétique chez le Malgache, les enfants du pasteur Andria ne sont pas venus au monde en chantant des cantiques. L'excellence et l'exemplarité du témoignage de cette famille n'est rien d'autre que le reflet de l'authenticité de sa consécration à l'Évangile de Jésus-Christ.

Pour le mouvement ivoirien, c'est une grâce spéciale de Dieu que d'avoir à proximité un serviteur d'une telle envergure.

La relève d'Andria

Les grands hommes savent préparer leur succession et notre pasteur n'a pas dérogé à la règle. Ainsi, comme Moïse a formé Josué pendant de longues années, pour conduire après lui la marche d'Israël vers la Terre promise, il a pris soin de préparer Daniel Bourdanné à conduire les GBUAF vers les objectifs assignés par le Seigneur.

Sorti de l'université avec à son actif un doctorat en science et une licence en philosophie, Daniel Kadébé Bourdanné a aussitôt rangé ses diplômes brillamment acquis, pour répondre sans la moindre hésitation à l'appel du divin Maître, qui lui demandait d'abandonner l'étude des myriapodes, afin de s'employer à lui gagner des myriades d'intellectuels africains.

Sous la férule d'Andria, il a appris le travail en tant que secrétaire itinérant des pays francophones de l'Afrique de l'Ouest. En mission en Guinée, loin de son Tchad natal où son village ne dispose pas de morgue, Daniel, consécration oblige, n'a pu assister aux obsèques de sa mère génitrice qui l'avait attendu vainement sur son lit de malade. Pour suivre le Seigneur, il faut savoir chanter en pleurant et savoir pleurer en chantant.

Quant à sa très charmante épouse Halymah, préparée elle aussi par le Seigneur exactement comme madame Andria, de son Niger natal, elle a suivi son époux dans son exil ivoirien, pour y terminer ses études de médecine et se spécialiser en gynéco-obstétrique. Avec son sourire éblouissant, sa douceur d'épouse de pasteur, sa finesse et sa compassion de médecin chrétien, elle saura sûrement, j'en suis absolument certain, apporter à son bien-aimé époux, la compréhension, le soutien et le réconfort dont il aura vivement besoin. Qu'elle sache que la servante du Seigneur ne déverse pas sa douleur sur la place publique, mais au pied de la croix.

Voici le bref et très pâle rappel de l'œuvre gigantesque, inversement proportionnel à sa taille de Malgache, abattu en quinze années par notre révérend pasteur Solomon Andriatsimialomananarivo au poste de secrétaire régional des GBUAF, qu'il quitte aujourd'hui, appelé par le divin Maître à de nouvelles missions à la Faculté de théologie évangélique de l'alliance chrétienne (FATEAC) : Enseigner et faire parallèlement la promotion de l'initiative théologique africaine sur le plan continental.

Pasteur Solomon Andriatsimialomananarivo, permettez enfin que je m'adresse à vous à cette occasion solennelle : Vous aimez beaucoup l'Afrique et vous travaillez inlassablement pour son salut en général et le salut de ses élites en particulier. Sachez que Jésus de Nazareth qui l'aime davantage et l'a aimée avant vous, vous le rendra au centuple à vous, à votre épouse Alexandrine, à vos enfants, à votre postérité à perpétuité.

Discours à l'occasion du départ de Solomon Andria
du poste de Secrétaire régional des GBUAF

DIEU ÉLÈVE AU PLUS HAUT SOMMET

L'événement est à l'honneur de notre Seigneur, notre Sauveur et notre Maître Jésus-Christ que nous voulons magnifier cet après-midi à travers son serviteur, notre bien-aimé frère Daniel Bourdanné, fidèle dans les moindres choses à qui le divin Maître vient de confier conformément à sa promesse, de plus grandes responsabilités pour l'avancement de son œuvre ici-bas.

« Daniel est pressenti pour piloter le mouvement mondial », m'avait soufflé son épouse, il y a quelques mois, un mardi matin au centre médical Sarepta de Dabou. La nouvelle a instantanément déclenché en moi deux sentiments contradictoires :

- Sentiment de joie et de fierté devant la promotion fulgurante de mon frère dans la gestion des affaires du Seigneur ;
- Sentiment de tristesse face à la menace de déchirure de notre amitié fraternelle chargée de complicité plurielle.

J'avoue que jusqu'à cet instant où je me tiens devant ce micro, je n'ai pas encore réussi à évacuer totalement cette ambiguïté émotionnelle qui rappelle celle du héros de François Rabelais : Gargantua qui, heureux de la naissance de son fils Pantagruel et malheureux de la mort en couche de sa femme Badebec, se mit à rire et pleurer de façon concomitante. On a dit que « partir, c'est mourir un peu ».

« Partir, c'est mourir un peu »

Daniel, en quittant la terre de ses ancêtres, meurt un peu dans ses relations à l'Afrique. Mais ma tristesse ne saurait perdurer car à l'école du Seigneur, ce genre de mort s'avère un passage vers une meilleure fécondité.

La Bible dit : « En vérité, en vérité, je vous le dis, si le grain de blé qui tombe en terre ne meurt, il reste seul ; mais, s'il meurt, il porte beaucoup de fruits » (Jn 12.24, LSG). Cette déclaration de Jésus de Nazareth, que je prends l'engagement d'associer à la circonstance, m'installe dans la ferme conviction que le départ de mon bien-aimé frère demeure le gage d'une meilleure moisson dans le champ du Seigneur, où tous « nous irons joyeux cueillir les épis » à l'heure de l'ultime moisson.

Nous sommes rassemblés cet après-midi dans cette salle pour célébrer l'authenticité d'une vocation qui rime, on ne peut mieux, avec cette célèbre métaphore d'Henrik Ibsen, ce grand penseur norvégien du XIXe siècle qui disait : « La vocation est un torrent qu'on ne peut refouler, ni barrer, ni contraindre ; il s'ouvrira toujours un passage vers l'océan. » Ce torrent constant et irrésistible a eu effectivement raison des motivations premières de notre frère Daniel. Malgré la résistance d'un doctorat en science, de l'opposition d'une licence en philosophie, en réponse à sa vocation distinctement perçue, notre frère a remis sans la moindre hésitation ses diplômes au Seigneur, qui en fait des armes efficaces, pour le combat de la foi où l'Afrique ne doit plus et ne peut plus se contenter de servir de décor. Car, le tamtam parleur de Jésus-Christ a retenti.

Le tamtam parleur a retenti

Considérer en effet que le tamtam parleur de Jésus-Christ a retenti, nous invite désormais à descendre résolument dans l'arène, y prendre notre place longtemps laissée vacante, pour la mise en œuvre de ce que le théologien congolais Nzash Lumeya appelle « les trois P » de l'intellectuel chrétien africain : présence, participation, persuasion.

À cet effet, les GBUAF dont la vocation principale consiste à apporter l'Évangile au moyen d'une stratégie et d'une méthode appropriées au monde universitaire, c'est-à-dire à ceux qui sont destinés à occuper les postes de responsabilité dans nos pays, demeurent le creuset par excellence où s'élaborent, se confirment, se consolident et se manifestent de façon tangible les vocations missionnaires au niveau de l'intelligentsia africaine francophone. Il s'agit d'universitaires ayant renoncé aux carrières professionnelles auxquelles les destinaient leur cursus universitaire, pour répondre à l'appel du Seigneur. J'ai nommé :

- Emmanuel Ndikumana, Burundais, missiologue, secrétaire itinérant des GBUAF pour le Rwanda, le Burundi, le Congo Démocratique, l'Ile Maurice, Madagascar ;
- Barka Kamnadj, Tchadien, gestionnaire de formation, secrétaire des GBUAF pour le Tchad, le Cameroun, la République centrafricaine, le Gabon, le Congo Brazzaville ;

- Chantal Yoa Téhé, Ivoirienne, professeure de Lettres, secrétaire missionnaire pour l'Afrique centrale, l'Afrique de l'Est, l'Océan Indien ;
- Klaingar Ngarial, Tchadien, médecin de formation, secrétaire itinérant des GBUAF chargé du développement et de lutte contre le VIH-SIDA ;
- Pierre Ezoua, Ivoirien, docteur en Lettres modernes, secrétaire itinérant des GBUAF pour le Sénégal, la Mauritanie, la Guinée Conakry, le Mali, le Burkina Faso ;
- Augustin Cossi Ahoga, Béninois, économiste de formation, DEA en théologie, secrétaire itinérant des GBUAF pour le Togo, le Benin, le Niger, la Côte d'Ivoire. Promu à la succession de Daniel Bourdanné au poste de secrétaire régional des GBUAF ;
- Daniel Bourdanné, Tchadien, docteur en science de la nature et de la vie, licencié en philosophie, secrétaire régional des GBUAF. Promu secrétaire général de l'Union internationale des groupes bibliques universitaires (UIGBU), en anglais : International Fellowship of Evangelical Students (IFES) ;
- Pascal J. Rotovona, le doyen, Malgache, économiste de formation. Pendant de longues années, il a servi les GBUAF comme secrétaire itinérant pour le Rwanda, le Burundi, l'Ile Maurice, Madagascar, secrétaire chargé de la formation. Il est aujourd'hui membre du comité exécutif de l'IFES et consultant du mouvement malgache ;
- Solomon Andriatsimialomananarivo, un autre doyen, Malgache, ingénieur de formation, aujourd'hui professeur à la Faculté de théologie évangélique de l'alliance chrétienne (FATEAC). Il a servi avec maestria les GBUAF pendant une quinzaine d'années avant de passer la main à son jeune-frère Daniel Bourdanné [...].

Force est de reconnaître que cette catégorie de serviteurs et de servantes du Seigneur témoigne incontestablement d'un appel authentique, suivi d'une réponse claire sans équivoque, soutenue par une autoformation pluridisciplinaire et une disponibilité sans faille. Esclaves, ils le sont, dignes de Jésus-Christ.

Digne esclave de Jésus-Christ, polyvalent

Dans ce domaine, mon jeune frère Bourdanné, digne esclave de Jésus-Christ, fait figure d'une véritable icône dans la grande famille mondiale des GBU. En effet, par la seule amitié du Livre et des livres, Daniel a acquis beaucoup de compétences et non des moindres :

- La maîtrise des Saintes Écritures assortie d'une aisance dans la réflexion théologique, à telle enseigne qu'il est souvent sollicité dans les établissements supérieurs de formation théologique ;
- La maîtrise de l'anglais, au point de pouvoir parcourir le monde sans éprouver le besoin de s'associer un traducteur ;
- La maîtrise de l'outil informatique, au point de concevoir et réaliser des logiciels, monter et réparer des ordinateurs ;
- L'expertise en leadership et management ;
- La maîtrise de l'administration et de la gestion des ressources humaines ;
- La maîtrise de l'écriture : Daniel est un écrivain chrétien très apprécié, notamment dans les milieux universitaires ;
- Naturaliste et agriculteur à ses heures perdues, en attendant certainement sa retraite pour s'en passionner ;
- Je vous rappelle que par son cursus universitaire, Daniel Kadébé Bourdanné est titulaire d'un doctorat en science de la nature et de la vie, d'une licence en philosophie ;
- Le tout dans un contexte d'organisation personnelle remarquable, cela va sans dire.

Mon cher frère, pardonne-moi d'avoir égrené publiquement sans ton avis ce chapelet de compétences. Je l'ai osé, non pour exciter ton orgueil que ta grande sagesse a toujours muselé, mais pour que cela serve d'exemple au sein d'une génération partisane du moindre effort et souvent en quête désespérée de modèle. Jacques Bossuet, ce célèbre prélat français du XVIIe siècle disait : « Tout est vain dans l'homme si l'on considère ce qu'il donne au monde. Au contraire, tout est grand dans l'homme si l'on considère ce qu'il doit à Dieu. »

L'humilité – c'est de cela qu'il s'agit – dont tu as fort heureusement choisi la voie, demeure le terrain fertile par excellence où se développent nos charismes pour la seule gloire de Jésus-Christ notre Sauveur, notre Seigneur et notre divin Maître qui, conformément à sa promesse nous élève alors au temps convenable.

La profondeur que je perçois de la métaphore du Norvégien Henrik Ibsen que je citais tantôt, comparant la vocation à un torrent qui termine toujours sa course dans l'océan, m'amène à faire appel à notre sens de l'observation pour nous faire remarquer, qu'en déversant ses eaux dans la mer, le torrent accepte d'entrer dans l'anonymat le plus total en y perdant son lit, son débit, ses eaux, son prestige et son nom, à la seule gloire de son maître, ici l'océan qu'il alimente toute sa vie et dont il contribue à perpétuer le règne. Ainsi va la vie du véritable serviteur de Jésus-Christ : il vit pour la seule gloire de son divin Maître. Daniel est loin d'être parfait, il est plutôt perfectible.

Digne esclave de Jésus-Christ perfectible

Comme tout être humain, Daniel est loin et même très loin d'être parfait, mais au stade où le Seigneur l'a fait parvenir, nous pouvons affirmer sans grand risque de nous tromper que Dieu l'a aussi conduit vers nous pour nous servir d'exemple vivant, motif d'espérance pour le christianisme africain, capable lui aussi de se hisser à force de travail au niveau du christianisme mondial, Dieu nous ayant tous créés à sa ressemblance, c'est-à-dire capables de réflexion, d'activité et de créativité.

L'exemple de Daniel est destiné à nous encourager et nous faire prendre conscience, comme le répète inlassablement le professeur Tite Tiénou, retenu aux États-Unis d'Amérique pour la densité avérée de ses compétences, nous faire prendre conscience dis-je, de l'importance de l'érudition et de l'excellence dans le dessein de Dieu pour l'Église de chez nous, l'Église africaine qui, au demeurant, a aujourd'hui un impérieux devoir de participation à l'épanouissement du christianisme mondial contemporain.

Daniel Kadébé Bourdanné s'en va occuper le poste de secrétaire général de l'IFES pour gérer 145 pays répartis en 12 régions à travers le monde :

    1. L'Afrique francophone.

    2. L'Afrique anglophone et lusophone.

    3. L'Afrique du Nord et le Moyen Orient.

    4. L'Amérique latine.

    5. L'Amérique du Nord.

    6. Les Caraïbes.

    7. L'Europe de l'Ouest.

8. L'Europe centrale.

9. L'Eurasie.

10. L'Asie de l'Est.

11. L'Asie du Sud.

12. Le Pacifique Sud.

Pour vous donner une idée de l'ampleur du travail qui attend notre frère, sachez que le seul mouvement américain, rien qu'en personnel, utilise plus de mille personnes. C'est une mission véritablement gigantesque.

Une mission gigantesque

Dans cette gigantesque mission, les épreuves ne l'épargneront pas, dont les plus virulentes viendront peut-être de l'intérieur pour faire parfois de lui un solitaire au milieu de collaborateurs qui souvent n'en sont point. « J'ai vécu puissant et solitaire », disait Moïse par la plume d'Alfred de Vigny. Cela arrive souvent dans la vie des serviteurs de Dieu, mais sache mon frère, et tu le sais déjà, que ce genre de solitude doit être exploité au maximum, pour un dialogue singulier et régulier avec le Seigneur. Lui seul écoute, console, panse les blessures et renouvelle les forces pour la poursuite du combat jusqu'à la victoire finale. Considérez, disait l'auteur de l'Épitre aux hébreux, « considérez celui qui a supporté contre sa personne une telle opposition de la part des pécheurs, afin que vous ne vous lassiez point, l'âme découragée » (Hé 12.3, LSG).

Mais garde toi d'être l'artisan de ta propre solitude, n'en fais pas un ami comme l'a chanté Georges Moustaki. Remplis ton ministère comme tu sais si bien le faire, au plus près de ta conscience, dans la présence de Dieu, le respect de tes collaborateurs et des règles établies ; je dis bien dans le respect des règles établies. À ce sujet je te confie pour bon usage, ce proverbe tiré du répertoire de nos ancêtres, vecteur multiséculaire de la sagesse africaine : « La poule sait discerner l'aube. Cependant, elle attend toujours le chant du coq avant de commencer sa journée. »

Tu maîtrises déjà tous ces paramètres ; toi qui, douze années durant, as présidé avec maestria aux destinées des 19 mouvements nationaux d'Afrique francophone, toi qui as su apporter ta pierre opportune à l'édifice panafricain des GBUAF en élargissant l'espace de notre tente tel que souhaité au congrès triennal de Douala en 1992, consolidant ainsi le travail de tes illustres prédécesseurs Alastair Kennedy, Isaac Zokoué et surtout de celui qui a guidé tes premiers pas dans le ministère : notre bien-aimé Solomon Andriatsimialomananarivo qui, j'en suis certain, tire de toi une légitime fierté [...].

Les grands hommes sont toujours ceux dont l'œuvre survit et se développe après leur départ et vous en êtes un exemple vivant, honorable Solomon Andria : que les GBUAF demeurent toujours vivants dans votre cœur, dans le cœur d'Alexandrine, votre charmante épouse, qui a tant servi le Seigneur en notre faveur, dans le cœur de vos enfants, dans le cœur de vos petits-enfants et dans le cœur de vos descendants à perpétuité.

Derrière un grand homme se profile toujours une grande dame, dit un adage, et madame Halymah Bourdanné ne déroge pas à cette règle. Médecin de son état et ma collaboratrice directe, elle exhale une compétence tellement doucereuse et rassurante qu'en cas d'absence, beaucoup de ses patientes refusant catégoriquement les services de tout autre médecin, préfèrent fournir l'effort de museler leur douleur pour attendre son retour. Les plaintes et murmures ont déjà commencé du côté de Dabou où son absence définitive, prenant les dimensions d'un deuil, sera difficile à combler au centre médical Sarepta.

Sa remarquable beauté physique n'est rien d'autre que le fidèle reflet de sa beauté intérieure. Dieu, dans sa prescience, l'a taillée à la mesure de son époux. Car, Halymah n'a pas épousé que Daniel, elle a épousé la profession de Daniel. Un mari appelé à passer plus de temps ailleurs qu'en Côte d'Ivoire leur résidence. Une fois rentré de voyage, monsieur passe plus de temps au bureau qu'à la maison. Une fois à la maison, monsieur va partager le peu de temps qui reste entre les livres, le sommeil et sa famille. Madame Bourdanné n'en fait pas un drame, ayant compris pourquoi le Seigneur l'a conduite auprès d'un serviteur d'une telle envergure.

L'heure du Seigneur a sonné ! Que Dieu vous précède et vous accompagne dans votre exil britannique. Il faut que cette mission réussisse ; l'Afrique retient son souffle. Pour vous, nous nous tiendrons sur la brèche. Le Seigneur est avec nous. Si pour sa vigne Daniel a abandonné l'étude des myriapodes, il se servira sûrement de sa mission pour ramener à lui, des myriades d'âmes de toutes les nations. Et mon dernier souhait est, qu'au terme de vos pérégrinations au-delà de la méditerranée, comme Ulysse, pour paraphraser Joachim du Bellay, vous retourniez dans votre chère Afrique, pleins d'usage et raison, vivre parmi nous le reste de votre âge.

Je souhaite, pour terminer, que l'exemple de Daniel Bourdanné nous inspire et que cette cérémonie fasse ici, maintenant et définitivement les obsèques de la médiocrité au sein des GBUAF. Que Dieu bénisse l'Afrique et la famille de son serviteur qu'il a appelé hors d'Afrique !

Table des matières

www.ingramcontent.com/pod-product-compliance
Lightning Source LLC
Chambersburg PA
CBHW071153130726
47998CB00002B/497